北京市广渠门中学：李思妍　　　辅导教师：王　畅、郝　娜

北京市广渠门中学：刘远哲

辅导教师：王　畅

 北京师范大学朝阳附属学校（小学部）：陈剑家

辅导教师：张圆斐

 北京市广渠门中学：李佳奚
辅导教师：王　畅、郝　娜

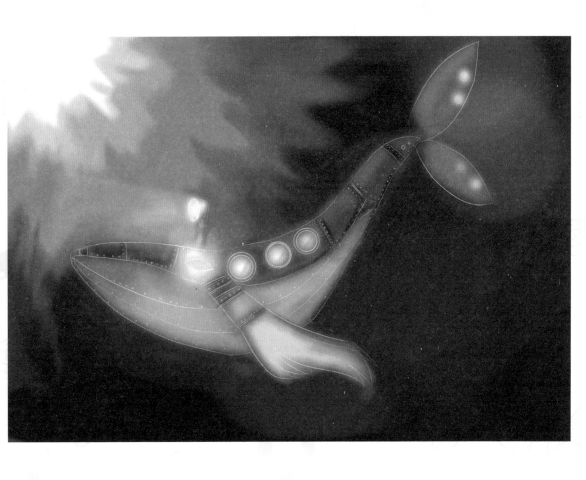

 北京市广渠门中学：李雨萱
辅导教师：暴秋实、王　畅

 北京市广渠门中学：谢璐遥
辅导教师：王　畅

奥陶纪

21世纪

北京市延庆区第四中学：林欣妍
辅导教师：张丽琴、王　琦

北京市延庆区第四中学：岳 晴

辅导教师：张丽琴、王 琦

给孩子的
科普科幻
阅读书目
海洋篇

于秀楠　主编

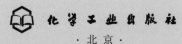

化学工业出版社
·北京·

内容简介

孩子的科普阅读一直是家长关注的热点，而阅读时间不足，如何选择阅读图书，如何引导孩子阅读……都是困扰家长的大问题。本书通过一群中小学生读者的阅读分享，以同龄人的视角对海洋类科普图书进行介绍和推荐，使小读者及家长对 30 多种海洋类科普图书的内容和特点有全面的了解，解决孩子阅读时间不足的问题。通过对本书的阅读，读者还可以根据自己的兴趣与需要，对海洋类科普图书进行筛选阅读，达到事半功倍的效果。

本书适合中小学生阅读，也可供学生家长及教师参考。

图书在版编目（CIP）数据

给孩子的科普科幻阅读书目. 海洋篇／于秀楠主编. —北京：化学工业出版社，2020.7

ISBN 978-7-122-36843-0

Ⅰ．①给… Ⅱ．①于… Ⅲ．①科学普及－推荐书目－世界－青少年读物 ② 海洋学－推荐书目－世界－青少年读物 Ⅳ．① Z835-49 ② N49

中国版本图书馆 CIP 数据核字（2020）第 080735 号

责任编辑：王清颢　赵媛媛
责任校对：刘曦阳
装帧设计：尹琳琳

出版发行：化学工业出版社
　　　　　（北京市东城区青年湖南街 13 号　邮政编码 100011）
印　　装：中煤（北京）印务有限公司
710mm×1000mm　1/16　印张 9　彩插 4　字数 109 千字
2021 年 1 月北京第 1 版第 1 次印刷

购书咨询：010-64518888
售后服务：010-64518899
网　　址：http://www.cip.com.cn
凡购买本书，如有缺损质量问题，本社销售中心负责调换。

定　　价：49.80 元

编写人员名单

总策划： 周心悦 薛 静

策 划： 耿 彬 刘 超

主 编： 于秀楠

参编人员：

曹昮	陈铭	陈巧云	陈小平	丁育仙
方媛	顾方媛	关奇	桂晓萌	郝娜
李捷	李超群	李瑾瑜	梁慧	刘红伶
刘玥	齐波	冉丽君	谭军	王畅
王慧	王俊	王娜	王琦	王妍
线宝怡	邢慧丽	徐昌	杨永安	杨占坡
姚玉玲	虞宁	张寒	张兰顾	张丽琴
张沐一	钟雪鹏	朱希斌		

顾 问：

王韧	徐小龙	李晓丹	罗明辉	舒芳
华韡	王书娟	韩竹		

北京市东城区青少年"健康·提升 2025 工程"成果
北京市东城区青少年"文化·传承 2030 工程"成果
北京市东城区青少年"心手·相连 2035 工程"成果

前言

科学家培根说"好奇心是孩子智慧的嫩芽",孩子对世界的认识是从好奇开始的。以口罩为例,N95口罩和普通医用口罩有什么区别?戴口罩为什么白色的面要冲里?为什么要按压鼻梁条?一个小小的口罩,背后也隐藏着许许多多的科学知识,这也正是为什么我们要阅读科普书籍的原因。科普书籍不仅能传播和普及知识,让孩子们发现科学的魅力,更有利于培养孩子们的科学素养和理性思维。选择性地阅读优质科普类书籍,能够在潜移默化中拓展我们的认知,让我们学会科学地思考。

在图书林立的大环境下,如何发现值得一读的优质科普书籍呢?北京市东城区青少年科技馆基于北京市教育科学规划课题《基于研学旅行活动课程开发的科教资源有效配置研究》(批准号:CGDB2020399)的研究成果,联合北青传媒及多家出版社,在世界读书日来临之际举办北京市中小学生"科普科幻与阅读"大赛活动,以推荐优秀科普书籍为基础,围绕每届比赛的主题进行现场知识竞答与创意图书推荐。让青少年用自己的"听说读写"来给优质的科普书籍投票,选出适合青少年的"定制科普书单",吸引了来自北京东城区、西城区、朝阳区、丰台区、延庆区、通州区、顺义区等区的多所中小学校的上千名师生

共同参与，既是学生之间科普知识的脑力大比拼，又是专家们向青少年进行面对面科普的平台，更是学校与学校之间、区与区之间在科普阅读推广方面的交流机会。

　　党的十九大报告中明确提出加快建设海洋强国战略，在此背景下，首届大赛聚焦海洋科普，以学生兴趣为切入点，进一步普及海洋知识，引导青少年关心海洋、认识海洋，提升青少年重视海洋生态、保护海洋环境的意识，推动北京这一内陆城市的青少年亲近海洋、热爱海洋、守护海洋。活动过程中，学生、家长和辅导老师热情高涨，享受着阅读的快乐，推荐的书目有很多是经典科普作品，也有很多是最新面世的科普新秀，有小学生喜欢的立体"翻翻书"，也有中学生偏爱的科幻小说。同时，产生了一大批优秀的学生作品，包括科普舞台剧、短视频、海报、科幻画、读后感等。现将其中部分作品集结成册，希望这本书能提高学生的科学精神和人文底蕴，为全市中小学生搭建科普阅读方面的交流融通平台，助力青少年科技阅读新生态的构建。

于秀楠

2020 年 10 月

目录

推荐阅读阶段：小学高年级学生或中学生

期刊

推荐阅读阶段

学　前

《白鲸之歌》

外语教学与研究出版社

内容简介

　　这是一本轻科普的知识性绘本，讲述的是"世界上有记载的唯一一头白色座头鲸米伽罗的传奇故事"。作品在 2016 年荣获了澳大利亚的惠特利奖。

　　在澳大利亚北海岸的温暖海域，有一条非常特殊的鲸鱼出生了。米伽罗，它是世界上有记载的唯一一头白色座头鲸。每年，它和它的家族都要迁徙到南极洲，现在就让我们跟着米伽罗一起，发现鲸之旅的美丽、神奇和危险，一起倾听这奇妙的白鲸之歌。

北京师范大学朝阳附属学校（小学部）：李嘉涵

······ 辅导教师：李 捷 ······

 **推荐理由**

周末，我阅读了一本绘本故事——《白鲸之歌》，是澳大利亚的马克·威尔逊著的，讲述了世界上有记载的唯一一头白色座头鲸米伽罗的传奇故事。

米伽罗和它的家人要从澳大利亚的海域迁徙到南极洲。在漫长而危险的旅途中，它们遇到了三件可怕的事：首先，米伽罗和妈妈休息时，人类违反自然规律的行为给它们造成了困扰，有的鲸还受了伤；其次，它们还遇到了天敌——鲨鱼的围攻，米伽罗和妈妈左冲右突，才摆脱了危险；最后，米伽罗和妈妈克服了冰雹和暴雨的恶劣天气，最终到达目的地。

这本书不仅有优美的故事情节和插图，还带给我一些启发和思考。我认为米伽罗和它的妈妈很伟大、很勇敢。它们虽然是动物，但是在困境中不退缩，坚持不懈，最终达成迁徙的目标。我们在实际的生活和学习中，不是同样需要这样的精神吗？例如我本人，一直在学习剑桥英语。剑桥英语需要通过五个级别的考试，才能到达一个相应的水平，这个过程需要好几年时间，期间我要坚持上课，认真完成作业。累了、困了时，我就会觉得太辛苦，想要放弃，但是和故事中的米伽罗相比，我遇到的这些困难根本不算事啊。在完成学习目标的过程中，我们应该像米伽罗和它的妈妈一样，坚定信念，不畏各种干扰和困难，尽全力把目标达成！

通过阅读，我收获了精彩的故事，同时还进行了积极的思考，米伽罗的精神激励我在今后学习的道路上，不怕困难，坚持前进！

《我爱大自然四季科普绘本·海洋的四季》

化学工业出版社

内容简介

《我爱大自然四季科普绘本·海洋的四季》这本书里，来自烟黑叉尾海燕家族的小冒险家啾啾，带着我们探索了海洋的春夏秋冬。

听说每个季节的大海都有独特的风光，海燕啾啾打算去亲眼看一看。

春天的大海，海燕啾啾遇到了许多动物——潮水预言家招潮蟹、海里的老前辈海龟，还有寻找配偶的海鸟们。

夏天的大海，啾啾看到了很多人在海边消暑，小朋友们用沙子堆成城堡，大人们有的在冲浪，有的在打沙滩排球，整个海边都充满了欢声笑语。但是，夏天的大海也不仅仅只有欢声笑语，夏天，海水被太阳晒得越来越热，水汽受不了了，蒸发遇到冷空气，就会形成台风，甚至造成严重的灾害。

秋天的海洋动物们很忙，海洋里的小鱼和虾蟹，还有海面上的海鸟都要去温暖的地方过冬。

冬天的大海，啾啾遇到了"北极霸主"北极熊，摇摇晃晃的企鹅，还感受了南极的极夜。

澎湃的浪花、壮阔的海面、多姿的海洋生物……这些都吸引着海燕啾啾去探索大海。

北京市东城区西中街小学：田唯杉

• 辅导教师：于秀楠 •

 推荐理由

我曾经很多次在夏天和爸爸妈妈一起到海边玩，我在金光闪闪的沙滩上奔跑，在温暖的海水里游泳，在清晨看到海潮退去留下的小螃蟹，听着海浪的声音……我很想探索神秘的大海。

这本书描绘了海洋四季的变化与海洋动植物的变化，利用海燕啾啾的视角来告诉我们海洋四季的特点，不仅让我知道了每个季节的大海都有独特的风光，还科普了许多的海洋知识。

你知道潮水从哪里来吗？涨潮、退潮和太阳、月亮有关系吗？珊瑚是生长在海里的植物吗？陆地有冬眠动物，那海底有夏眠动物吗？是什么使南极夜晚的海面布满繁星点点和星空连成一片？海水是咸的，那

海冰是不是也一样咸？北极熊为什么能在严寒中生存下来？哪里会有极夜？为什么会有极夜？极夜有多长？……这些科普知识通过这本书生动形象地呈现在我眼前，让我对海洋自然环境和海洋科学有了更加全面的了解。

这本书翻开后，左边是有趣的文字，右边配着精美的大幅图片，使我仿佛身临其境，跟着海燕啾啾一起在科学的海洋里遨游。

北京市顺义区东风小学：于佳仪

辅导教师：陈 铭

推荐理由

我的老家是一座海滨城市——青岛，每到放假，我都会回到老家。舅舅带我去过栈桥、海军博物馆、水族馆、极地海洋世界、金沙滩等地方玩耍，从小我就对大海产生了热爱之情。人们都说，在青岛生活是"面朝大海、春暖花开"，小时候我以为这句话的意思是大海只有春天。后来我读了《我爱大自然四季科普绘本·海洋的四季》这本书，我才知道大海也有春夏秋冬四个季节，大海真的太神奇了。

《我爱大自然四季科普绘本·海洋的四季》是我最喜欢的绘本书，里面有很多手绘的图画。翻开第一章，我跟着主人公小海燕——啾啾从北半球出发，开始进行一次环球之旅。

春天，温暖的海风送来温暖，成群的海鸟在海边飞来飞去，一会儿又落在金灿灿的沙滩上，海龟妈妈产下卵，耐心地等着它的孩子们出世……沙滩上渐渐热闹起来。

夏天，火辣辣的太阳直射在大地上，大海被晒得暖极了，小海燕啾啾冲进大海捕食都不觉得冷。烈日炎炎的夏日里，海边是人们消暑的好地方，看着下海游泳的人们，我真想快点长大，可以和他们一起在海边游泳。因为夏天雨多，所以乘船去旅行的人要注意了，在海上下雨可不是简单的事情，会引起狂风巨浪，还可能会发生沉船事故，真可怕。

秋天，寒凉的秋风阵阵袭来，海水的温度也随着变低，有些海洋生物不得不离开海滩了。一些海鸟也开始了迁徙，小海燕也开始飞往温暖的海域过冬。书上说，小海燕会在温暖的地方生下鸟宝宝，春天时再带着它的宝宝们一起回家。

冬天，晶莹的雪花翩翩起舞时，呼啸的海风将秋日一扫而净，宣告着冬日的降临，小海燕漫长的环球之旅也接近尾声。大海其实也结冰，如果温度降到零度以下，海水就会结冰。

这本书用五彩缤纷的绘画，带我们探索大海春、夏、秋、冬四个季节的神秘和不同，图片中生动形象的景物，使我们仿佛正在跟随着小海燕，进行一场环球旅行。看完这本书，我对回老家青岛更加充满期待，迫不及待地想跑到大海边玩耍。

大海啊，充满神奇和幻想，我爱你大海！

《海洋生物秀》

黑龙江少年儿童出版社

内容简介

　　你知道吗？地球表面的大部分都被蓝色的海洋包裹着，海洋是一个比陆地更加精彩的世界，生活在这里的居民们有着各自的生活小窍门。小丑鱼的邻居是谁？海星会游泳吗？刺鲀为什么总是气鼓鼓的？关于这些问题，《海洋生物秀》会给你答案。

　　当你了解这一切后，可以和爸爸妈妈一起动手，创造出一个属于你自己的海底乐园，请海洋中的朋友们到家里和你一起玩儿！

北京市丰台区第一小学：刘奕绚

辅导教师：王妍

推荐理由

《海洋生物秀》是妈妈送给我的第一本关于海洋的书，通过这本书，我懂得了许多海洋生物的知识，比如对于人类来说，只有少数几种鲨鱼是危险的，而大白鲨是其中体形最大、速度最快、最具威胁性的。它的嘴里长着好多颗锋利的牙齿，猎物只要被咬上一口就会致命。

珊瑚礁为许多动植物提供了生活环境，更是许多幼鱼的生长地。在大海中生活着一种像花朵一样的生物——海葵，它是小丑鱼最好的伙伴，可以帮助小丑鱼抵御天敌的攻击。水母是一种群居动物，它们有柔软的身体和长长的触手，看起来就像一朵朵娇嫩的花朵，在海洋中随波逐流。更加奇妙的是海星，海星是一种棘皮动物，它们不会游泳，只能在海底缓慢地爬行。在茫茫的大海中，游不快的小鱼很容易成为大鱼的食物，不过，刺鲀是个例外，因为它有自己的秘密武器，它通过迅速吞下大量的水或者空气让自己膨胀成一个刺球。章鱼是一种不同寻常的动物，它们有三个心脏、八条触腕，奇妙的是它们没有骨头，更奇妙的还在后头，它们的血液是蓝色的，有些章鱼还可以像变色龙一样随心所欲地变换颜色……

这本书里不只有海洋生物的知识，还有各种手工制作的步骤介绍和成品展示呢！不仅让读者了解海洋生物的内容，更能做出和海洋生物相关的手工品，特别适合小朋友阅读呢！

《揭秘海洋》

未来出版社

内容简介

　　海洋是一个神奇的世界，这里生活着很多稀奇古怪的动物？想知道都有些什么吗？《揭秘海洋》将会告诉你。这本书从海岸边、海洋动物、色彩斑斓的珊瑚礁、海洋深处、攻击和防御、极地海域、海洋生物之最、人类与海洋8个方面，介绍了有关海洋的科普知识，重点介绍了海洋动物。通过阅读这本书，孩子可以了解到海洋分为哪些部分、各个部分生活着哪些动物、海洋里大的动物有多大、人类活动对海洋产生了哪些影响……

北京市西城区椿树馆小学：邹文予

• • • • • • • • • • • • • • • 辅导教师：谭 军，刘红伶 • • • • • • • • • • • • • • •

 推荐理由

　　寒假期间，我阅读了《揭秘海洋》，了解了很多有关海洋的知识，这些知识仿佛为我开启了一扇新的大门，使我十分震撼！

　　世界永远在改变。自无数亿年前，太阳周围的星云形成了原始地球，同时，也形成了海洋。又经过无数亿年的更迭，才形成了我们所看到的海洋。

　　上天似乎在有意逗弄人们，海洋占地球总面积的71%，但只有2%左右的淡水可供人们饮用。而且，目前为止，人们探索的海洋面积只占总数的5%，而剩下的95%，还在海底沉睡，有待人们发掘。

　　一串又一串的生物链构成的海洋有繁多的物种。"大鱼吃小鱼，小鱼吃贝类，贝类吃海藻"，这首歌谣，就反映了海洋中的食物链。如今的海洋，很多生物已濒临灭绝，这种情况如果再延续下去的话，将会导致生物链失衡，甚至造成一场生态危机。而怎样才能恢复生物链的平衡呢？很简单，就是将生物链末端的海藻大量繁殖，从而使得生物链的一切生物都受益，因此，科学家就这个理论，作了一个大胆的假设：因为深海中有丰富的微量元素，所以科学家们认为可以从深海抽取大量海水，使得生物链末端的海藻大量繁殖，将生物链进一步向前推动。

　　大海，真的好神奇，广袤的海水滋养着地球，虽然现在大海只发掘了5%。但我相信，终有一日大海神奇的面纱会被人们揭开，世界也会因此受益无穷。

《企鹅爸爸了不起》

连环画出版社

 内容简介

南极的冬天,约零下五十度,帝企鹅妈妈产下蛋宝宝后把它交给爸爸,就奔向大海寻找食物。企鹅爸爸站在冰面上,四个月什么都不吃,一直温暖着蛋宝宝,直到妈妈回来……

北京市广渠门中学：邓京曦

辅导教师：姚玉玲，王娜

推荐理由

在这个学期，我阅读了《企鹅爸爸了不起》，看到最后很感动。这本书很温馨，可以提升父子之间的关系，让人感觉很暖心，写出了父爱的伟大。

这本书是日本著名作家井本蓉子写的一本科普小说。书中主要写了雄企鹅与雌企鹅一见钟情，成了好朋友，最后生下来一枚企鹅蛋。你知道吗？企鹅蛋的孵化任务都是交给企鹅爸爸来做的，企鹅妈妈生完蛋一般都去海里捕鱼去了。企鹅爸爸就开始了长达4个月的孵化之旅。这4个月里企鹅爸爸不吃也不喝，只等企鹅宝宝孵化出来。4个月后，企鹅爸爸的体重变成了之前的一半，它的企鹅宝宝破壳而出，此时企鹅爸爸等来了企鹅妈妈。时间慢慢地过去了，企鹅宝宝也渐渐长大，等到企鹅宝宝到了养育它们自己的孩子的时候，它们也会回到它们出生的地方继续生活。

看了这本书我也想起了自己的爸爸，听妈妈说，小时候我的身体非常不好，有一次我得了肺炎，妈妈那时候单位很忙，所以就由爸爸把我背到了医院，过去我妈妈经常带我去医院，所以医生开的药妈妈知道怎么用，但这次是我的爸爸带我去看病，医生开的药，他不知道如何服用，也没问清楚就拿着药带着我回家了。回家后，爸爸拿着说明书看了半天也不知道该怎样服用，就准备让我随便吃点，还好妈妈回来得及时，阻止了爸爸的行为，这才让我少了一些"痛苦"。当妈妈讲起这个故事时，我只想感叹一句："爸爸啊！你什么时候才能像企鹅爸爸一样贴心啊？"

爸爸虽然有些粗心大意，但是为我付出了许多，我学习的时候他帮我辅导功课，睡觉时，他帮我盖上被子，吃饭时，他有时会帮我夹菜。我的爸爸为了我做了许多，我也很感激他，他教会了我做人的道理，他教会了我一些规矩，他陪伴着我成长。其实我很感谢这本书，它让我回忆起了与爸爸的过往，它让我学会了与爸爸沟通，其实在我的成长过程中付出的不仅有妈妈，还有那个沉默寡言、默默付出的爸爸。我很喜欢冰心的一句话：父爱是沉默的，如果你感觉到了那就不是父爱了！

我想对爸爸说一句："您辛苦了！我爱您！"

北京市第十二中学钱学森学校：孟逸飞

• 辅导教师：王 慧 •

这个假期里，我阅读了《企鹅爸爸了不起》。这本书以绘本的形式为我们介绍了帝企鹅大家族的日常生活状况。

帝企鹅生活在寒冷的南极洲，而帝企鹅一生最重要也是最艰难的一件事就是照顾宝宝。新鲜的企鹅蛋一接触冰冷的地面，0.3秒就会冻成"冰块"。这时候，就要靠企鹅爸爸了，企鹅爸爸把刚生出的蛋托在自己的脚面上，用自己肚子上的毛把企鹅蛋包裹住，以保持企鹅蛋的温暖。而企鹅妈妈们就要集体下海寻找食物，这一去就是几个月，在这期间，企鹅爸爸不但要照顾好宝宝，还要集体抵御狂风暴雪，真的是十分了不起。现在，想想我自己，我不就是那个企鹅蛋吗，刚出生时，爸爸妈妈对我细心照顾，为我辛苦操劳。这可能就是世界唯一共同的品质，爱！

我们把话题回到企鹅爸爸那里，在他们最虚弱的时候，他们还是坚持把企鹅蛋严严实实地包裹住。企鹅蛋孵化了，新生的小企鹅还躺在爸爸的脚上，这时它们急需食物，不然很快就会饿死，这时就该企鹅妈妈登场了。如果这时企鹅妈妈还不来，那么这些企鹅爸爸和小企鹅将要面临的就是死神的到来了。企鹅妈妈如期而至，带着许多新鲜的食物，当然这些食物是贮藏在它们的肚子里的。企鹅妈妈们张开嘴，把自己从深海弄到的鱼从肚子里吐出来，喂给企鹅宝宝。这样，企鹅一家算是渡过一劫了，接下来，爸爸才能拖着疲倦虚弱的身体奔向大海寻找食物。

了解帝企鹅的故事，我不禁深思，世界万物都有共同的爱——那就是父母的爱。我们的爸爸妈妈也像帝企鹅一样，把我们辛辛苦苦地养大，但当我们真正地成长为一个"懂事的人"时，蓦然回首，他们已经白发苍苍。

这就是我读完这本书后的感受——爱，真的很神奇！它甚至不能用语言形容，不能用代数式表示，不能用分子结构研究。在这里，为爱致敬！

《上山种下一棵树》

连环画出版社

内容简介

　　海边的渔夫们认为：森林是大海的恋人，为了海洋充满活力，大家开始上山种树。

　　上山种下一棵树，松鼠、狐狸、猫头鹰……还有哪些小生物可以获得食物或藏身处？当树叶、果实和枯枝掉落地面上，会为土壤增添哪种养分？

　　落进土壤里的雨水，会把这些养分带往什么地方？

　　在小溪、稻田、河川、海滩，住着哪些生物？

　　大海中的森林是什么样子？

　　从树梢到土壤，从山峦到大海，多姿多彩的生态，就从种下一棵树开始……

中国科学院附属实验学校：王蕊

辅导教师：张 寒

推荐理由

　　《上山种下一棵树》是一本连环画，画多字少，适合各种年龄段的人阅读。书中的画、文字都是由作者完成的，所以可见这个作者的才华。但真正吸引我的并不只是这些，而是里面的内容。

　　这本书的内容是极其丰富的，也是极其有趣的，更是充满学问的。谁能想到一本薄薄的、字不多的连环画中能包含有关于生物、化学、地理等方面的知识？这实在是令人有些不敢相信。

　　书中讲的内容，其实是一个循环的过程。人类在山上种下一棵树，树木的果实被动物吃掉，树干被昆虫当家，枯叶滋养大地，雨水将带着养分汇成小河，流向大海。海中有很多的动物和植物，浮游生物会被小鱼吃掉，小鱼会被大鱼吃掉，而大鱼会被人类吃掉。然后人类再种下一棵树。内容十分简单易懂。虽说内容很简单，但是意义并不简单。我认为最好看的一段是下雨，雨汇成小溪，小溪汇成小河，小河再汇成大河，大河又流入大海。就这么短短的一段当中让我知道了数十种动物，其中有鳗鱼、日本锦蛇、日本真鲈、平鲉等。特别是鳗鱼的生产方式，它在秋天将鳗鱼宝宝产在大海里，来年的春天鳗鱼宝宝长大了，又游回河流里面，就这样一直、不断地重复着，这正是自然界的一个闭环，没有尽头。

　　当我第一眼看到这本书的时候，就不由自主地被它吸引了。好书是难得的，是可贵的，它不需要有富丽堂皇的语言，只需用心即可。

中国科学院附属实验学校：陆泽铭

······● 辅导教师：李瑾瑜 ●······

推荐理由

海洋与高山之间有什么样的关联？上山种下一棵树会对大海和自然环境产生怎样的影响呢？这两个问题你能不能找到答案呢？《上山种下一棵树》这本朴素的绘本，用很独特的视角向我们解释了自然环境中万物间密切的联系。

这是一本日式风格的图书，青色、灰色、蓝色、白色构成了整本书的色调，绘画的风格隐隐有浮世绘的痕迹。打开书，就看到这么一句话"森林依恋着大海，大海也依恋着森林"，不由地就让人想到小豆豆的午餐——山的味道，海的味道。

看着内容，也不禁去想：作为人类，应该在整个生态系统中担当怎么样的角色呢？

作者选择的主角既不是人，也不是山上的树，而是我在翻看这本书之前都不知道的一种物质"黄腐酸铁"，它们有着灰白的笑脸，从山上顺着雨水流到山下；涌出地面和小溪一起流进小河，与清澈河水中的鱼儿为伴；它们还流进田间，看禾苗生长；最后它们被带进大海，在海底森林里畅游。

它们一路唱着歌：

看，大海里的森林！

在浅海的礁石中，

有一片长满海藻的大森林。

在这片森林中，

生活着许多，

连我们肉眼都看不到的

微生物——浮游植物，

……

　　当然，首先是索取，人类从植物那里获取种子和果实，从动物那里获取肉蛋奶，砍伐树木来取暖、建房子；然后呢，是改变，种植和改良粮食和蔬菜瓜果，驯化动物，拦截河流利用水能；再然后呢，是不是应该有所回馈？

　　最后黄腐酸铁，帮助鱼类吸收浮游生物的营养，丰富人类的餐桌，又随着雨水回到山上，完成一场循环，正像开篇的那句话"The forest is longing for the sea, the sea is longing for the forest——森林依恋着大海，大海也依恋着森林。"

　　这本可爱的绘本，用一个独特的视角，告诉我们生命是循环的，生态也是循环的。无论我们在说"万事万物都是相互联系的"，还是"亚马孙雨林一只蝴蝶扇动翅膀会引起北美一场飓风"，实际上我们都在说循环。就像书中的黄腐酸铁，来自山中的落叶，最终，又回馈到山中新的树木。渔民种下一棵树，收获了很多果实、粮食和鱼，最终促使渔民去种下更多树。

　　最后借用作者的一句话："如果人们善待自然，森林、河流和大海就会恢复往日的生机。"让我们在每年的春天，也上山种下一棵树，为保护我们的生态环境出一份力。

北京市第十二中学钱学森学校：张紫萱

辅导教师：王 慧，王 俊

 推荐理由

森林依恋着大海，大海也依恋着森林。《上山种下一棵树》这本书的绘画风格隐隐有浮世绘的痕迹，书中充满了大量的知识点，却能用生动的图案和简洁的文字串联。从高山到大海，绘本以生动有趣的方式将五大类生态系统串联，让读者能够更加容易体会到作者的用意。这本书告诉我们种树跟我们的生活有什么关系，自然界因为我们有心或者无意种下的这一棵树会发生什么变化。我们种下的一棵树可以招引来不同的动物、昆虫，而这些动物又会跟树、跟我们的生活产生联系。

人类，在整个生态系统中担当怎样的角色呢？每个人都知道种树是为了美化环境、防止污染，而这本书带领我们深刻地理解了种树的意义。有时候我们不仅仅是种下了一棵树，更是给一些动物栖息之所，为土壤增加养分，养分汇入小溪，滋养小溪中的鱼儿，养分流入稻田，帮助水稻成长。我们所做的每一个举动，看似不经意，但是却与我们的生活息息相关。

《神秘海洋立体书》

未来出版社

内容简介

　　海洋约占据地球表面的71%，是一个丰富而神秘的世界。《神秘海洋立体书》这本书通过弹跳立体、翻翻等多样化的形式，从海洋世界、海滨、珊瑚礁生态、海藻丛林、开阔的远洋、深海、极地海洋这7个主题讲述了神秘的海洋世界，介绍了腔棘鱼、鹦鹉鱼、叶海龙、大王乌贼、独角鲸等千奇百怪的海洋鱼类，能让小朋友认识神奇的海洋世界，大开眼界。

北京市广渠门中学：荣一诺

· · · · · · · · · ·● 辅导教师：关奇，王娜 ●· · · · · · · · · ·

推荐理由

在浩瀚的大海里，隐藏着无数的、各种各样的海洋生物，有些是我们看不到也找不见的。但是这本书却能带你去找到它，并且带你一同去探索海洋的神秘，书中的 3D 立体设计，使大海更加充满神秘色彩，既视感和触摸感让人感觉自己真的就在大海里一般。

《神秘海洋立体书》这本书的封面设计就非常有特色，刚看到就会被吸引住。对于生活在内陆从未见过大海的我而言，真的感觉手中捧着的就是整个海洋。封面正中的海豚立体生动，惟妙惟肖，摸一摸，有很强的凹凸感，能感觉到整个海豚的头部线条以及身体纹路，摸旁边的珊瑚和几条小鱼也都是同样的感觉。

打开书，就看见一条大蓝鲸从书里"跳"了出来，立体书的画面感和视觉冲击力也太强了吧！翻开书的每一页，都能看见富有极大冲击力的立体海洋生物，在画的四周还有知识链接，我们可以了解到关于海洋的秘密和生物的小知识，既可以享受到立体画的视觉冲击感，又可以了解到更多的海洋生物小知识，真是一举两得！继续往下翻，真是让人忍不住连连惊叹，科普书也能做得这么精致，轻轻拉一拉，翻一翻，就能欣赏到动画片般精美绝伦的海洋世界，整本书的制作堪称绝美！难怪读者那么多呢！

一些科普书是比较无味的，读起来总是觉得枯燥，使人无法集中注意力，但是这本《神秘海洋立体书》，却能让所有读者都喜欢上它，即使那些不爱读书的人，一看见它，也会久久不愿放下，因为在享受视觉盛宴的同时，还可以从中学会很多知识，谁不喜欢这样的书呢？

虽然这本书只有寥寥的七个大跨页，但覆盖的内容还是非常全的："海洋世界""海滨""珊瑚礁生态""海藻丛林"等七个主题涵盖了海洋的方方面面，每个主题都精选了最具有代表性的海洋生物，同时借助立体画的形式，带给我们一个个栩栩如生的场景。书中文字也是简短易懂，可以说是真正达到了知识性与趣味性于一体呀！

通过这本书，我对海洋的好奇和向往更加深了一层，也从中了解了更多的海洋知识，同时大开眼界：第一次知道了海中独角兽——独角鲸这种动物；第一次深入了解了珊瑚礁生态系统；第一次看见了海藻丛林；第一次见识了海洋的巨大和神秘……

相信读完这本书后，你一定会像我一样，在心里种下探索海洋的种子。

《神秘海洋立体书》不管是从设计上还是内容上，都是非常有特色的，能让读者在享受视觉冲击感的同时，了解海洋知识。这本书堪称科普书中的艺术品，值得小朋友们去看一看……

《水里的动物朋友圈》

新疆青少年出版社

内容简介

　　水里的朋友多得超乎你的想象。除了鱼，还有大到一天能吃几吨食物的鲸，小到毫不起眼的浮游生物，它们都在小溪、河流、大海中安居乐业。本书呈现了100多种水生动物的游泳本领、生存技巧和生活习性。

北京市延庆区第四中学：苑朔

······● 辅导教师：张丽琴，王琦 ●······

 推荐理由

水中的生物形态各异、多种多样，从淡水哺乳动物到海洋鱼类，从庞大的鲸到微小的浮游生物，总而言之水生动物的世界真是丰富多彩、奥妙无穷。

书中作者按生存环境，将水生动物分成了淡水动物和咸水动物来介绍。书中的手绘插图不但艺术感强、细腻传神、栩栩如生，具有欧洲绘画大师的风格，使自然造物之美借助丰富优美的画面得以呈现，而且在动物"主人公"的选择上贴近孩子的兴趣，选择了孩子喜欢的代表性动物亲口讲述自己的生活。书中涉及的动物众多，从鱼类、软体动物到海洋哺乳动物等，内容全面，可以帮助我们建立对大自然的正确认知。作者除了用极具艺术感染力的手绘图，还用通俗易懂、生动形象的解说文字，向我们展现了近百种动物生活的千姿百态，并向我们介绍了无论是在潺潺的小溪中，还是在浩瀚的大海里，水中的动物朋友们都有各自奇妙的生存方式。从中我们可以认识生活在江河湖海中和水边的动物朋友们，更加亲近海洋动物的生活，激发我们对海洋的兴趣和热爱，进而感受海洋生物的奥秘，并培养我们的博物情怀。

无边无际的大海，它包罗万象，连接着天与地。海洋孕育出了所有原始生命，是生命的摇篮、文明的起源。海洋是我们人类生产和生活不可缺少的一部分，与我们的关系密不可分。《水里的动物朋友圈》这本书非常有价值，它让我们青少年更多地了解了海洋。我相信读者在看了

《水里的动物朋友圈》后，会对海洋产生浓厚的兴趣，心中都会树立远大的理想，乘长风破千里浪。同时也激励着我们要好好学习，掌握科学知识，长大了去探索海洋，发展海洋，利用海洋，更要保护海洋。为了人类共同的利益，未来的我们会团结奋斗，合理开发海洋资源，把世界建设得更加繁荣昌盛。

北京市东城区史家胡同小学：王宗徽

·················●辅导教师：徐昌，李超群●·················

推荐理由

　　北京是北方的内陆城市。我从小生活在北京，很少接触水和水生物，但我非常喜欢湖泊海洋，并且喜欢水生物。对我来说，水底的世界是那么美丽和神秘。《水里的动物朋友圈》这本书，就像把我带进了神秘的水世界，跟每一个水底的朋友打个招呼，握握手。

　　这本书首先介绍了淡水动物，有水边生活的鸟类、哺乳动物、昆虫等。水里的动物就更多了，有的只能在水中呼吸，有的能在陆地上呼吸；有的是食草动物，有的是食肉动物。有把卵产在水草嫩枝上的豆娘、穿着天然防水服的鸭子、"建筑大师"河狸和它的好朋友水獭、生活在水里但在陆地上下蛋的鳄鱼，当然，还有在河流湖泊边活跃的小动物们。

为了方便小朋友们能够清晰地了解水生昆虫，作者按照昆虫习性对它们进行了分类标号，还放大了昆虫身体的局部——比如"长着特殊的脚，能在水面上走路"的昆虫有 5 号水甲虫和 6 号水黾，旁边的绘画配上了水黾和放大了的水黾"特殊的脚"。作者的这种绘著方法，不仅让我们对淡水生物有了清晰的认识，更为我们提供了一种很好的学习方法。

接下来，作者为我们介绍了最出名的水生物——鱼，并且用绘图介绍了鱼鳞、鱼鳍、鱼尾、鱼鳃以及这些器官对鱼在水下生活的重要作用。原来，鱼妈妈一次能够产卵几百、几千，甚至几百万颗，而且大部分鱼爸爸鱼妈妈都不照顾自己的宝宝们，跟我们人类完全不同。作者把海洋比喻成一座大型食物仓库，并生动地画出了海洋食物链。

还有很多其他的水生动物朋友。比如鸟类，有不能飞的企鹅、从爸爸妈妈喉咙里衔食物的小鸬鹚、爱吃鱼的翠鸟等；还有由数百万微小珊瑚虫尸体堆积而成的珊瑚礁、浑身布满尖刺的海胆、寄居在其他动物壳里的寄居蟹、断腕还能长出新腕的海星、会挖洞的沙蚕等。

除了能了解丰富多彩、奥妙无穷的水生物世界，欣赏这本书的绘画也是非常好的艺术体验。每个小动物都有非常生动的表情，连印象中可怕的鳄鱼都画得非常可爱。我读了这个绘本，真是迫不及待地想亲近水生物，近距离地了解它们，好好地保护它们。

《水里的动物朋友圈》虽然只有薄薄的 34 页，但介绍了 100 多种水生物。书里的图片不是拍摄的照片，而是手绘的画，颜色漂亮，每个动物都有生动的表情。书中还有海洋的全景拉页。书最后的词汇表还能让读者学到水生动物的相关知识。

我向小朋友们推荐《水里的动物朋友圈》，希望大家跟我一样爱上这本书，爱上水生动物。

《英国儿童科普探险阶梯书·海洋》

化学工业出版社

内容简介

　　两个孩子对海洋产生了兴趣，于是去海洋游玩，潜入海洋。由浅到深，认识了海洋以及生活在海洋中的动物、植物。这本书可以让孩子了解海洋的相关知识和海洋里的动植物。加上封面镂空的设计，搭配阶梯式层叠内文，形式新颖，更容易引起小朋友的兴趣。

分司厅小学：张吕奕

辅导教师：于秀楠

推荐理由

自从语文课上学习了《富饶的西沙群岛》，我就喜欢上了那神秘的大海，它有一望无际的海岸线、五光十色的海水和奇形怪状的鱼……我常常幻想假如有一天我能在海洋中遨游那该多好啊。而《英国儿童科普探险阶梯书·海洋》这本书恰巧就是那艘带着我去遨游大海的潜水艇。

当我在读《英国儿童科普探险阶梯书·海洋》时，我仿佛化身成艾丽跟着奥利和约泽尔，一起去探索海岸和海岸线之外的茫茫大海。看到了很多有趣的动物和神奇植物。

我们先来到海滩，看到了天上的海鸥、沙滩上的海藻以及不少神奇的小动物，知道了它们是构成生态系统的要素。随后，我们来到潮汐水域，那生动的画面，活灵活现。约泽尔想跟调皮的寄居蟹玩，结果鼻子被夹红了，逗得我们哈哈大笑。我们穿好潜水服，一头扎进那蔚蓝的大海，来到珊瑚礁，看到了巨大的、绿色的海龟在四处游荡。圆圆的龟壳，我都忍不住伸手去摸一摸它。我们穿梭在五颜六色的海水鱼中，有我们熟知的小丑鱼，还有各种叫不上来名字的鱼，真是大开眼界！穿过海藻森林，来到数百年前的沉船前，这里有没有加勒比海盗要寻找的宝藏呢？我们继续向更深处下潜，在透光带有很多奇妙的海洋哺乳动物，我知道了什么是藤壶，我们还看见了身上长着藤壶、体形庞大的蓝鲸。最后，我们跳上潜水艇，下潜到1000米深的弱光带。又畅游了半深海带和深海带，这里没有一丝光线，是一片漆黑的海底，这里有更多的奇怪生物，有像小飞象的章鱼、有五颜六色会发光的鼬鱼、有最长可以长到 3 米的巨型管虫等。真是太神奇啦！

这本书以海洋深度为阶梯，由浅入深地展示了海洋各层带中绚丽丰富的生物。封面的镂空设计和精美的插画充满艺术感，也让我更有兴致去了解各种海洋生物的英文名字。

海洋的奥秘可真多，我已经迫不及待地想要长大，我要当一名潜水员去探索更多有趣的海洋动植物！

推荐阅读阶段

小学低年级学生

中国大百科全书出版社

内容简介

　　海洋面积约占地球面积的71％，但这片神秘的广阔水域并不那么为人所知。《DK儿童海洋百科全书》是DK首部海洋百科全书，DK儿童百科系列的又一力作，内容包括海洋地理、海洋生物、海洋环境等，图片精美，图文并茂，内容丰富，是一本包罗万象的海洋百科全书。掀开海洋神秘的面纱，满足孩子们的种种好奇心，带你畅游大海，无限奥妙历历尽揽。不要再做井底之蛙，去看看大海吧！

北京市延庆区第四中学：王奕童

······●辅导教师：王琦，张丽琴●······

这本书向小读者展现了一个五彩缤纷、生机勃勃的海洋，一个被海水覆盖的蓝色世界。这本书可以让小读者深入地了解海洋，明白海洋的重要性，激发小读者对海洋的兴趣和喜爱。

这本书用五彩缤纷的图画，带我们探索隐藏在海洋深处的神秘地带，带我们发现一个惊奇的未知世界。图片中生动形象的景物，使我们仿佛正跟随着科学家，在海底进行一场冒险。你可以从中学习到毁灭性的海啸和地震是如何发生的；见识到水下火山、神奇的珊瑚礁和蓝色的冰山；认识到海洋的现状，了解该如何保护海洋环境。令我印象深刻的是，书中运用了摹状貌的说明方法，介绍了大海中的死亡陷阱——鮟鱇、探照灯——深海龙鱼和大胃王——吞噬鳗，生动形象地写出了它们的特点。除了图片以外，书中的内容更加吸引人。生动形象的语言，让小读者仿佛亲眼见到海洋中的生活场景，对海洋愈发产生兴趣。我在阅读的时候，感觉有成千上万的鱼出现在我的眼前，好像伸手就能触碰到一般。

阅读这本书后，我了解到海洋给人类带来了无穷无尽的财富，比如海盐、贵重金属、沙子和砾石，还给我们带来了能源，像海底岩石中的石油和天然气，海风和海流带来的风能和水能。但是人们却给海洋造成了严重的伤害，他们把开采铜矿产生的污染物排入非常干净的河流里，最后，这些污染物流入海洋，使海洋生物中毒并窒息。我想作者写这些内容，就是为了让人们不再污染海洋，做到人与自然和谐共处。

这本书着重的是让我们了解海洋，并好好地保护海洋，书中多次提到，海洋给了人类很多宝贵的财富，可人类却去破坏它。我认为：人类如果不停止这样的行为，那么，海洋一定会给人类一个有力的回击。我希望全世界的人们都能够保护海洋，不再污染海洋，让我们与海洋和谐相处吧！

北京市第十二中学钱学森学校：程隆

····················●辅导教师：张沐一，王 俊●····················

推荐理由

海洋，一个蔚蓝色的世界，自古以来人类便对那天青的彼岸有着无数美好的遐想。它不光是人类的大海，更是整个世界无可替代的精神之海。

《DK儿童海洋百科全书》是一本名副其实的海洋百科全书，它从地理、生物、历史等方面详细讲述了大量的海洋知识。浩瀚的四大洋、神秘莫测的海洋深层、各具特色的海洋生物、绮丽无比的海洋景观、严谨而科学的生物分类、人类对海洋的开发等，都让我直观地感受到了海洋的神奇与美丽。海洋是人类的财富，滋养着人类的精神世界。

书中描绘的海洋是令人向往的，是富含无限神韵的。而生动的文字，独到而有趣的描述，以及制作精美的图画，更让一个活生生的海洋世界呈现在读者眼前。这源自对科学的执着，对自然的热爱。

然而今日的海洋，远非我们印象之中的那般蔚蓝。人类的活动无时无刻不在影响着海洋的生态环境，石油污染、赤潮、核泄漏等已经严重地威胁到了现今海洋的生态环境，澳大利亚的大堡礁正在以惊人的速度减退，这一系列现象是令人触目惊心的，而人类是否需要反思自己呢？作者向我们隐晦地表达了对未来深深的担忧之情。

人类的天性应是向往大海的，古罗马人就亲切地称呼地中海为"我们的海洋"。古往今来，无数的先辈在海洋上献出了自己的时间，甚至生命。这种力量源自骨子里对海洋的热爱，它也是古人对海洋最原始的、虔诚的崇敬之情。我想这本书的编纂者一定也是一个热爱大海的人，他能够将含蓄的情感融入文字与图画之中。这是很了不起的一件事情。

地球不仅是人类的地球，更是整个世界的地球；海洋不仅是人类的海洋，更是整个世界的海洋。

《被海洋卷走的世界》

中国画报出版社

内容简介

　　浩瀚的海洋覆盖了地球表面积的71%，其中大部分水域都是我们未曾探索过的，更有50万～70万海洋生物等待着我们去发现。深蓝色的海洋总是有着如此大的魅力，让狂热的海洋爱好者们如痴如醉。在这本书里，我们会穿越历史长河从世界各地搜罗出最精彩的海洋故事。第一章海洋地质学中，我们将探索海洋的形成，以及海洋对人类生活的影响；海洋生物这一章有庞大的海底生物在迎接着我们；鲨鱼当然要有自己的章节，我们还要入海拍摄大白鲨的私密生活呢；人类对海洋的探索从第四章开始，包括让我们进一步认识海洋的科技突破；最后，让我们回到陆地，一起为海洋保护出谋划策吧！

中国科学院附属实验学校：牟兰

辅导教师：邢慧丽，曹旸

推荐理由

在寒假，我阅读了一本关于海洋的书，叫《被海洋卷走的世界》，它是由英国的詹姆斯·威茨编著的。詹姆斯是一位来自布里斯托尔的科学记者，他为世界各地的出版社撰写了不计其数的科学出版物。

介绍完作者，我就要给大家介绍这本书。这本书里介绍了从世界各地搜罗出的最精彩的海洋故事，内容包括海洋的形成、海洋对人类生活的影响、海洋生物、大白鲨的私密生活及人类对海洋的探索。

看完了这本书的一个大概介绍，你有没有心动呢？没有也没关系，接下来将是这本书里最吸引我的地方，相信通过我的介绍你也会喜欢上这本书的。

一是图片。每章都会有的"科学掠影"，它为我们带来的是非常独特的图片，图片有一小段的文字介绍。其他的内容也有很多图片，这些图片非常逼真和震撼，让我感到身临其境一样。

二是书里关于"十大著名海底沉船"的内容，其中有一艘船叫瓦萨号，它是当时世界上最先进的战舰，它才航行了1000多米就沉没了，船上的150人中有30人死于这场灾难，这让我感到航海还是很危险的。还让我记住了第一大沉船是泰坦尼克号，它是由白星航运公司在贝尔法斯特建造的。尽管它的航行时间非常短，但它也许是有史以来最著名的船。通过书中对泰坦尼克号的描写，我知道了这场灾难对后来的航海安全有诸多提示，大大改善了船航行的安全性。比如从那以后，要求所有船舶必须装备足够每个人逃生的救生装备。我还知道了原来价值最高的沉船是海洋之花号，它至今下落不明，据说这艘 16 世纪的船上有约 60 吨工艺精美的金器。

这本书，就像你在海洋世界的一个向导，它可以带你探索海洋的每一个角落，从浅到深，可以让你感受到海洋不一样的美丽。如果在我的介绍下你产生了兴趣，就赶紧看一看吧，跟着这位特殊的向导，去享受海洋之旅吧，我希望它能启发你去探索大自然最伟大的成就之一——海洋。

中国科学院
附属实验学校：刘茹惠

《海底历险记》（上、下）

中国少年儿童新闻出版总社
中国少年儿童出版社

内容简介

　　郑好是一名五年级的学生，活泼好动，擅长游泳。在一次意外中，他误吞了海洋的圣物——龙珠，并因此变成了人鱼。玳瑁爷爷说，只有找到神龙贝，他才能吐出龙珠，恢复人身。于是，郑好和龙三太子、玳瑁爷爷一起，踏上了惊险刺激的冒险之旅。他们解救了被渔网困住的虎鲨王，赢得了虎鲨一族的尊重；在沉船里，他们目睹了梭子鱼、牛鲨、双髻鲨之间惊心动魄的大战；在寻找蝙蝠鱼的途中，他们看到了一场酣畅淋漓的"死亡之舞"……

北京市第十二中学钱学森学校：孙睿珂

· · · · · · · · · · 辅导教师：王 慧，王 俊 · · · · · · · · · ·

 推荐理由

　　本书介绍了一个非同寻常的海底历险之旅，作者灵活运用漫画的形式，使读者在幽默的图画中了解如此多的海洋知识，真是一举两得啊！书中一个个小故事反映出了每一种海洋动物的生活习性，最令我记忆深刻的要数比目鱼了。作者阐明了比目鱼的进化史，很久以前比目鱼的眼睛长在脑袋两侧，随着生活环境的变化，它的两只眼睛便转为了同一侧，环境真的能影响生物，真是十分神奇！书中很多故事情节中，都体现了海洋环境的恶化给生物带来了严重影响，使海洋生物丧失家园。当我看到没有地方供它们居住，海洋生物不能找到一个属于它们自己的家园时，深有感触。当石油泄漏在海中，危害可想而知：那油腻的液体粘在鱼类的身上，真是太残忍了！在这些故事背后，作者呼吁我们要保护环境、爱护生物。保护海洋环境，就是保护我们自己的家园！每一个平凡的小事，汇聚起来就成了不平凡的大事！

北京市东城区和平里第四小学：王一鸣

·········●辅导教师：桂晓萌，杨永安●·········

推荐理由

一、这是一本精品科普漫画书。本书采用漫画的形式，图文并茂，故事读起来生动形象、简单易懂，能够引起读者的阅读兴趣。书中出现了大量的海洋生物，在每个章节的小故事结束后，都会有专门的海洋知识小讲堂，介绍故事中提到的某种海洋生物。例如，故事中出现了玳瑁爷爷，小讲堂就对玳瑁进行了详细介绍：玳瑁是海龟的一种，属于国家二级保护动物，还介绍了它的外形特点、如何觅食等。让读者在阅读的同时，能够掌握更多的海洋知识，认识更多的海洋生物。

二、这是一本内容精彩的书。作者先从郑好误吞龙珠变身人鱼写起，讲述了一个在玳瑁爷爷的帮助和小蝠鲼的指引下，历尽艰险，最终成功获得神龙贝，得以恢复人形的奇妙故事。故事构思新颖，情节出人意料，却又总是留有悬念，让读者欲罢不能。在精彩的故事背后，也向我们讲述了许多道理。赠人玫瑰，手有余香。正是因为郑好解救了虎鲨王，帮助了小蝠鲼，这才找到寻找神龙贝的线索。也正是因为郑好具备不畏艰险、坚持不懈的品质，才使得他最终能够找到神龙贝，恢复人形。

三、这是一本物超所值的书。在本书的最后，作者将《海底历险记》中介绍的有关海洋知识归纳成15道选择题，有意考一考我们。如此一来，不但可以加深我们对海洋知识的记忆和理解，而且凡是全部答对的，还将有机会获得一份精美的礼品呢。此外，本书已入选北京市优秀出版物绿色印刷示范项目，选用环保型原辅材料，从而保障了读者能够畅享环保健康阅读。

现在还等什么，赶快找到这本书，开始你的海洋历险吧！

电子工业出版社

内容简介

　　《河流》这本书用图片和最少的文字，简洁且精准地描述了河流的文化。作者用气势磅礴的画面，精心地选择落笔之处，将作品呈现得缤纷且立体。寥寥数笔，却字字珠玑，叙述着河流的地理位置、人文历史，以及对其未来发展的疑问；版画绮丽，却犹胜彩霞，勾勒出沿岸的旖旎风光、文明魂宝和近现代的繁荣景象。这一条条河流的娓娓自述，无一不让读者心潮澎湃，向往与之一道顺流而下，探索沿途万千景致。

　　从长江到尼罗河，从亚马孙到恒河，从卢瓦尔河到密西西比河——16条养育了人类文明的大河，像地球的血脉一样，在我们眼前静静流淌。

　　法国知名地理学家、河流专家支持并作序的一本世界河流人文图画书！75厘米的精美木版画配以清丽的文字，介绍了16条养育人类文明的大河。一起来看、来听它们的历史、地理环境、沿岸文明的传承吧！

北京市延庆区沈家营中心小学：董函辉

辅导教师：杨占坡

推荐理由

　　《河流》这本书介绍了许多河流。有来自世界屋脊的湄公河，它发源于我国的唐古拉山；有沿岸有不同信仰、多种语言的尼罗河，它来自埃塞俄比亚高原，在苏丹一条水量丰沛的支流白尼罗河与它开始作伴，在埃及它又被称为"大尼罗河"；有缺氧的恒河，它有着褐色的水流，在印度瓦拉纳西，它是洗涤灵魂的圣地；有被称为自由之河的密西西比河，它是美国境内最长的河流，它在路易斯安那州的沼泽地中蜿蜒前行时，因河水浑浊而被人们称为"大泥潭"；有被称为森林伴侣的亚马孙河，当今地球上没有比它更原始更包容的河流了，它从一条不起眼的碧波小溪成为了一条拥有千条支流的磅礴大河，它是如此之长，长到你可以随它游历多个国家，它是如此之宽，宽到数千米流域内都无法建成一座桥梁，它是如此之深沉，以至海船可以逆流而上1000多千米！它与塔帕若的清流并肩向前，互不侵扰，形成一条双色水带，它的排水量占全世界所有河水排放的淡水总量的1/5；有被称为荒野梦境的育空河，它穿行在北极圈内不适合人类居住的土地上，因而成为美洲大陆上被最晚探索的河流；有让16世纪的法国航海者大吃一惊的圣劳伦斯河，因此被称为发现之河，印第安人叫它"大水河"，卡蒂埃以法国国王费朗索瓦一世的名义，在这里建立了法国的殖民地——"新法兰西"，并为它起了新名字"圣劳伦斯河"；有世界第三长河的长江，它发源于青藏高原，一路向南，但在石鼓镇掉头上行，向东而去；有位于黑森林和黑海之间，干流流经国家最多的多瑙河，它也被称为国际之河；有被称为河流之王的尼日尔河，它的流域面积超过 100 万平方千米，它从几内亚福塔贾隆高原出发，奔流约 4200 千米，最后经尼日利亚注入几内亚湾……

这本书介绍了16条养育人类文明的大河的发源地、流经范围、特点、信仰、历史、样貌……读完了这本书，我了解了更宽广的世界！这本书将地理和人文巧妙地融合，让我心向往之，并在轻松的氛围中掌握、积累知识。高尔基曾说过："书籍是人类进步的阶梯，终生的伴侣，最诚挚的朋友。"读完这本书之后，我觉得我又交到了一位朋友。

北京师范大学朝阳附属学校（小学部）：韩东灏

辅导教师：顾方媛

 推荐理由

假期中，我阅读了《河流》这本书。

这本书介绍了全球16条养育人类文明的大河，如湄公河、尼罗河、恒河、亚马孙河、长江、幼发拉底河……其中最长的河流为尼罗河，位于非洲东北部，全长约6670千米。第二长河是亚马孙河，位于南美洲北部。

长江，全长6300多千米。虽然它在这里面是第三长河，但我最喜欢它。因为它是我国的母亲河之一，还有一条是黄河。黄河在北，长江在南。长江孕育了伟大又灿烂的中华文明。我觉得其他河流都没有长江神圣而伟大。

长江也被称为商贸之河。来来往往的货船不计其数，从下游逆流而上，将货物送到上游的城市。江上的客船也不计其数，游客大都是来游览长江三峡的。在岸边的木栈道上，人山人海，游客都争相与长江拍照留念。

幼发拉底河被称为国王的梦境，它位于阿拉伯半岛东部，全长约2800千米。

湄公河也被称为母亲河。它位于亚洲，流经中国、缅甸、泰国、老挝、柬埔寨、越南，沿岸的泰国人民总会在过水灯节时，在河面上放灯。

总之，我最喜欢的河是长江。我为祖国拥有世界第三大河流，而感到无比的自豪和骄傲。

这本书增加了我对于世界河流的认知，而且它的画面也很好看，我推荐这本书给大家。

《老鲨鱼的书签》

四川少年儿童出版社

内容简介

　　《老鲨鱼的书签》以童话的形式，将科学知识巧妙地融于其中，为小读者打开了一扇扇探索海洋世界的百叶窗。它用奇特的幻想，为你编织一个个迷人的故事，向你介绍了海洋鱼类、兽类、贝类的种种奇事、奇闻、奇趣，使你在领略它们风采的同时，知道它们的特点、习性以及与人类密不可分的关系。

北京市回民学校：欧阳楚萱

辅导教师：刘 玥

种下一粒种子，收获一个庄园。

《老鲨鱼的书签》这本书是关于海洋的启蒙书籍之一。这本书与其他干讲理论的书籍截然不同。它运用生动的描写，将海洋动物们拟人化，并添加了有趣的情节。令我印象最深的就是海马这一节了，海马的外表与传统的鱼类不同，凭肉眼很少人能将其划入鱼类，而作者却运用了生动的手法，借助角色的嘴，将我们的疑问提出，再运用科学的语言加以解释。最后，再以海马的自述来为我们介绍这种可爱的海洋生物。

我觉得，《老鲨鱼的书签》这本书与目前市面上大多数书籍的不同之处就在于任意年龄段的人们都有看下去的动力。小时候的我们无法用理性来看待这个世界，所以我们需要一些感性的东西来辅助我们理解一些事物。大自然的分类不是绝对的，在水里游的不一定都是鱼。我们需要知道为什么，但理论不是每个人都食之如饴，更多的人需要加强理解，所以《老鲨鱼的书签》这本书将理论与趣味结合在一起，用趣味的故事来增强理解，用童心唤醒头脑。

最后，希望市面上可以有更多给小朋友们阅读的海洋书籍，播下书籍这粒种子，收获更多栋梁之材。

北京市第五中学通州校区：戴毓暄

辅导教师：钟雪鹏

推荐理由

　　海底世界对我而言一直是神秘莫测的，每次去海洋馆，我都会感叹于看到的奇特景观和各种稀奇古怪的海洋生物。读完《老鲨鱼的书签》后我才发现，原来海洋是如此的神秘而又深不可测，关于它的传说和科学知识更是包罗万象、无奇不有。同时，我也懂得了很多道理：人和鱼都有自己的本领和弱点，没有什么动物有无穷的本领，而且都或多或少地有自己的弱点，包括人在内。

　　这本书也告诉我们，要保护鱼类和其他的动物，因为它们都是人类的朋友，是有生命的。几乎每个动物都有自己的家庭成员，想想看：如果某个动物被人类残忍地杀死了，那么它的家人该是多么伤心啊！ 况且，很多动物是对人类有帮助的，比如：蛇会吃田鼠，啄木鸟会吃树里的虫子、蜜蜂会采蜜等。

　　如果想让这个世界更加美丽，就需要我们和大自然的动物们和谐相处。希望大家共同努力，让地球村越来越美！这本《老鲨鱼的书签》在我心中，真实地播种下一颗生命力旺盛的海洋的种子。

《让孩子着迷的第一堂自然课·蓝色海洋》

化学工业出版社

内容简介

　　海洋从哪里来？大海是什么味道？海底又有哪些奇妙的景色呢？

　　关于海洋，我们有太多的疑问和好奇，那还等什么，快打开这本书，我们一起来开启一场奇妙的海洋探险之旅吧！

北京市第一七一中学附属青年湖小学：杨承瑞

· · · · · · · · · 辅导教师：于秀楠 · · · · · · · · ·

推荐理由

　　海洋是一个五彩斑斓、神奇而又美妙的世界，有关海洋的读物有很多，有的以介绍海底动物为主，有的以冒险模式探索海底，而这本《让孩子着迷的第一堂自然课·蓝色海洋》则开门见山地告诉了你什么叫海，什么叫洋，海洋是怎么形成的。

　　《让孩子着迷的第一堂自然课·蓝色海洋》从大海的起源开始讲述，配合着图片，告诉了我们火山喷发的气体和水蒸气凝结成雨水降落在地面，慢慢地巨大的凹地被雨水淹没，就形成了今天的海洋；然后从海洋的"味道""情绪"出发，用拟人的手法把读者的好奇心勾起来，从天文、地理等方面阐述了潮汐、龙卷风、台风的形成以及对我们大自然的影响和破坏。

　　书中用文字和图画介绍了海底的地形特点，海沟、海脊、裂谷、大陆架、火山管等。海洋是我们生存的摇篮，这里是生命的起源地，孕育了我们地球最原始的居民，像海百合、威瓦西亚虫、圆唇鱼、邓氏鱼等。书中介绍了四大洋的位置、形态、面积，还有它们各自的特点；还介绍了绚丽的珊瑚礁、神秘的马尾藻海、美丽的珊瑚王国等，让人心驰神往。

　　生活在海洋的动物千姿百态，它们中有好朋友，也有敌人。从远古海洋居民到现在生活在海洋中的各种植物、动物，以及不怕冷的神秘土著人——因纽特人，人类、动植物与海洋已经形成了相互依赖的海洋生物链。书中用海洋生物链告诉我们，人类与海洋息息相关，爱护海洋就是爱我们自己的家园！书中还展示了由石油污染造成的黑潮，当你看到粘满石油的海鸥，你会想到什么呢？

　　这本书通过精美的插画和有趣的知识向我们全方位地展示了海洋，海洋从此不再神秘，这就是我向大家推荐的理由。

北京市东城区文汇小学：董策扬

· · · · · · · · · · · · · · · · ·　辅导教师：于秀楠　· · · · · · · · · · · · · · · · ·

推荐理由

　　今天，我读完了《让孩子着迷的第一堂自然课·蓝色海洋》。这本书让我爱不释手，它让我看到了许多新知识，也懂得了很多新道理，并使我产生了一些新的想法。

　　这本书主要讲了海洋上会出现的现象、海洋里的生物、北极和南极等内容。

　　住在雪屋里的因纽特人，来到海豹的呼吸孔，看到海豹出来……抹香鲸和大章鱼在海底进行一场惊心动魄的搏斗……这些生动的画面通过书中的描述在我脑海里生动地呈现出来。

　　这本书让我了解了精彩的海洋世界。这里有珊瑚岛，有死火山；有马尾藻海，有红海；有北极熊，有企鹅；有塘鹅，有鸬鹚。这里充满了神秘的气息。

看完这本书后我深深感觉到，人类和海洋的关系是你中有我，我中有你，相辅相成。如果人们不过度捕捞，不乱丢垃圾，海洋会孕育出更多的健康有益的海洋生物，更会滋养世界万物。我慢慢理解了为什么要开始垃圾分类，那是因为人们制造的垃圾太多了，陆地上已不堪重负，人们以为海洋可以吞噬人类制造的垃圾，将垃圾投放到海里，于是，沙滩上便出现了因吃了塑料垃圾而死亡的最大海洋生物——鲸，也出现了因为漂浮的塑料管插入鼻孔而痛苦不堪的海龟……

现在全国提倡垃圾分类，垃圾分类并进行二次利用，可以把某些垃圾转换成我们需要的能源，将有害垃圾降到最低。垃圾分类是为了人类美好的生存环境，为了海洋的优质生态循环。习爷爷曾经说过："金山银山，不如绿水青山。"

原来我只知道海洋的表面呈现出蓝色，通过"大海是什么颜色"这部分，我了解到其实太阳的光有很多颜色，太阳光照在大海上，海洋会把一部分光吸收，把一部分光反射回去，而海水的深度不同，海水呈现的颜色也不一样；潮汐是由于月球、地球、太阳运动的影响产生的；火山爆发时冒出的黑烟是因为熔岩温度高、水温度低，水会变成水蒸气，而黑色是因为火山有矿物质，矿物质和水一起喷出，就变成了黑烟。

最后一页"海洋生物链"，人类因为智慧和实践能力，永远在生物链的最顶端。鲸由于其个头庞大、性格勇猛，一些鲱鱼、虾类，甚至包括体形稍大的海豹，都是其口中美味。而我平时喜爱吃的味道鲜美的金枪鱼，以鲭鱼果腹。

这本书让我看见了一个又一个鲜活的画面，犹如身临其境，仿佛海豚在我身边欢快地鸣叫嬉戏，一大群鱼虾围绕着我旋转，形成一个巨大的包围圈，海龟的脖子伸得长长的，使劲儿挥动着四肢，向我游来……这丰富的海洋世界啊，勾起我无限遐想，难怪作者说，蓝色海洋，是让孩子着迷的第一堂自然课！

《生命的一天：你我，宇宙和万物的故事》

北京理工大学出版社

内容简介

　　《生命的一天：你我，宇宙和万物的故事》是一本难得的历史科普书，它的难得在于书中介绍的是宇宙诞生以来地球的历史。他向小读者展现的是一个别开生面的神奇地球。这本书由图画引入，自然过渡到地球刚刚诞生的时代。把地球从诞生到现在比喻成人的一天——从零点到24点，是集趣味性、知识性、科学性于一体的好看又好读的历史科普读物。这本书主要介绍了地球最早的生命蓝藻慢慢到多细胞动物再到三叶虫；三叶虫出现了，最早的脊椎动物慢慢进化成了鱼类，最后进化成了两栖类，接着进化成了陆生动物；慢慢地，经过了恐龙的时代，人出现了；到现在，人们有了如此丰富多彩的生活，但人类的历史在地球历史上只是短短的几秒钟。

　　这本书采用的是四色印刷，图文并茂，读起来真是让人爱不释手。

北京市延庆区第四中学：于翟

•••••• 辅导教师：张丽琴，王琦 ••••••

推荐理由

宇宙有多古老？约138亿年。地球又有多古老？约46亿年。宇宙在约138亿年前，当中的一切都起源于无限小的基点，包括时间基点有着无限大的密度和无限高的温度，更包含着无法估计的能量。

大爆炸之后，宇宙进入了暴胀阶段，就像一个瞬间被注入空气的气球在极短的时间内成倍地壮大。暴胀阶段结束后宇宙依然在膨胀，不过放慢了速度。那时宇宙中产生了地球。

从书中小读者们可以看到生命的奇迹，感受到地球的神奇和力量，激发小读者们对地球的兴趣和热爱。

本书将地球从古至今的46亿年，归结为生命的一天。在早晨四点钟的时候，地球上出现了最初的生命——蓝藻。这大约是在35亿年前。蓝藻只是一个简单的细胞，但它拥有自我复制能力，不断地复制着自己。直到多细胞动物的出现打破了平和的海洋世界，将地球变成了巨大的竞技场。然后，出现的多细胞生物是海绵，虽然它无法移动，但已经可以滤食。

约3.5亿年前各种各样的生命突然呈现爆发式的增长，地球上很快就热闹了起来，三叶虫靠着全身坚硬的外壳抵御外敌，一时间遍布全球。生命大爆发持续的100万~300万年，至少产生了200多个物种 。最早的鱼类是没有颌骨的，无法通过嘴巴的开合来捕猎，还有的身上覆盖了坚硬的骨片作为盔甲生活在海底。基因突变总是发生得很突然，第一只长出颌骨的鱼出现之后，自然选择的天平就开始向它倾斜。为了能够继续生存下去，有的鱼进化出了超强的颌骨，拥有可以将鲨鱼一分为二的咬合力，鱼开始探索新的天地。那时大鱼吃小鱼，小鱼吃虾米的生物链已经形成。

渐渐地鱼进化成了两栖动物，最早的两栖动物是肉鳍鱼。那时新上岸的它们几乎没有竞争对手。两栖动物完全无法离开有水的环境，它必须在水中产卵繁殖，为了更加适应陆地环境，两栖动物逐渐进化出了可以模拟水中环境的羊膜卵。

它们最终进化成了爬行动物。爬行动物中逐渐演化出了一支高度特化的物种叫作恐龙，地球上从此迎来了长达约1.69亿年的恐龙时代。而那时已经出现了早期哺乳动物，但面对强大的恐龙，娇小的哺乳动物只能躲在洞穴或地下生活，并且昼伏夜出，吃爬行动物剩下的残羹剩饭。

大约在6500万年前，一颗巨大的小行星突然造访了地球，地球瞬间陷入了灾难之中，恐龙灭绝了。但一些小巧的动物躲过了灾难，哺乳动物就是其中的一种。渐渐地地球又逐渐恢复了生机，植物再次生根发芽，生长出郁郁葱葱的树木，哺乳动物们也开始迅速地繁殖起来，没有了恐龙的威胁，哺乳动物终于可以正大光明地在陆地上繁殖，它们的队伍迅速壮大，成为遍布地球的后起之秀。随着地球气候的变化，一些灵长类动物不得不开始下地生活，它们利用关节进行半直立行走。直到有一天，一些古猿不再依靠关节爬行，变成直立行走，直立行走的古猿站得更高，看得更远，解放了双手，就这样人类诞生了。渐渐地文明出现了，但人类出现的时间太短了，有文字记载的人类历史不足这一天中的1/5秒。

这本书可以带给读者意想不到的惊喜，在图片和简单文字的介绍下，历史也不显得枯燥，而是变得有趣，变得多彩。

天津出版传媒集团
新蕾出版社

内容简介

　　《海洋》是"发现更多"系列丛书中的一本。

　　这本书从两亿五千万年前的古大陆讲到现在的七大洲四大洋，包括潮汐效应、唯美的沙滩和奇异的海洋生物等知识；同时也写出了人类对于海洋的探索，以及人类对于海洋资源的开发与利用，甚至写到了深潜器的结构与一些相关的历史事迹。

北京市第十二中学钱学森学校：徐信

············· 辅导教师：张沐一，王俊 ·············

推荐理由

今天我要向大家推荐一本书，是由史蒂夫·帕克所著的《海洋》。这本书是学习海洋生物的必备书籍；书中还提供了一些洋流图和各大洋深度图、海底地形图等供读者参考；同时还有很多拓展资料。作为一名初中生，我认为，这是一本很不错的有关海洋的入门书籍。它为我们讲述了海水的分层、多样的海洋生物，以及人类开发海洋的前景。

这本书从约两亿五千万年前的古大陆讲到现在的七大洲四大洋，能让我们从中了解到很多海洋知识。书中介绍了很多奇异的海洋生物，不得不说的是蓝鲸。蓝鲸有多大呢？它的动脉血管，形象点说，就比你的头粗一点儿而已。你还可以把蓝鲸估测成 C919 客机那么大，它实在是个庞然大物。

书中也写出了人类对于海洋的探索，例如从中国古代的天圆地方，到地球平面说，最后通过环球航行，证明了地球是一个球。这本书还讲到了人类对于海洋资源的开发与利用，例如我国南海发现的可燃冰，就是很多国家正在争抢的一种环保高效资源。海底还有大面积的稀土矿，这些稀土矿可以用于制造洲际导弹、隐身飞机等大国重器。同时你知道吗？海水还能提炼黄金呢，据研究表明，海水中大约溶解了 2000 万吨的黄金。这可是一笔不小的财富呢！

而有的人会为了钱拼命，大家都听说过海盗吧，注意，我这里说的可不是电影里面在海上像好汉似的那种海盗，是真正的、为财而拼命的海盗。他们兴风作浪、无恶不作，甚至今天在索马里海域，仍然有一群海盗活动十分猖獗。因此，联合国发起了护航行动，保护商船。在这本书中我们还将了解深潜器的结构，并和它一起下潜到北大西洋海底去参观壮丽的泰坦尼克号残骸。

最后，书中还介绍了一件值得所有人关注，关系着人类命运的事，就是全球变暖。南极大陆覆盖着平均海拔 2000 米的冰盖。如果都融化的话，海平面会至少上升 60 米。这是个什么概念？华北平原将不复存在。很多岛国也会因此而永远地只存在于历史里，地球气候会进一步恶化，而地球最终将不适合人类生存。所以从今天开始，让我们一起携起手来，保护地球的环境吧。

中国科学院附属实验学校：陈思伊

·············· 辅导教师： 曹旸，邢慧丽 ··············

我爱波平如镜的杭州西湖，我爱气势如虹的长江黄河，但最令我神往的，是那"鱼龙万万千"的大海。

提到大海，我就要推荐《海洋》这本科普类图书了。我对海洋充满了好奇：地球上曾经只有一个海洋？这是真的吗？月球是如何吸引海水冲向陆地的？为什么海里会有大陆架？哪片海洋拥有最大的岛屿？谁曾在海上行走？喷发的火山是如何造岛的？海洋中最大的动物是什么？地震是如何造成巨浪的？是谁用火烧掉胡须？等等。在史蒂夫·帕克写的《海洋》这本书中，就可以找到答案。

法国著名导演、制片人、探险家雅客·伊夫·库斯托先生曾说过："海洋，一旦它释放自己的魔力，就会让你沉浸在它神奇的世界中不可自拔。"的确是这样。数千年以来，人们一直为海洋生物创造的美丽而惊艳：菊石化石，珍珠，让贝壳绚丽夺目的珍珠母以及许多令人叹为观止的精美生物……数百年以来，大海为人类提供了源源不断的资源。当然，这些事物仅凭空想无法真正体验其中的美好。这本科普书有许多精致、令人震撼的配图——跌宕起伏的海底地貌；熊熊烈火与乌黑的山形成鲜明对比，使人受到视觉冲击的太平洋火环；目光神秘，嘴角带有一丝甜美微笑的小海豚；张开双臂似乎想要在海底飞翔的绿海龟；张牙舞爪，仔细盯着看似乎还会左右摇摆的海葵；造型奇特的跳岩企鹅；看着会让人头皮发麻、起鸡皮疙瘩的尖牙鱼以及各种因为要适应深海环境而将自己进化得奇形怪状的深海动物……几乎每张照片的背景都是那神秘莫测的大海，令人感觉身临其境，仿佛正在海底与动物们玩耍嬉戏。

还有些配图使我知道，大海不仅仅是风平浪静的，它也会发怒，也会波涛汹涌。海啸就是一种"大海生气了"的表现形式。书中写道："纵观历史，海啸在没有预警的情况下，多次为世界上的沿海城市和居民带来灾难。"我没有经历过海啸，所以也不知道海啸的威力有多大。然而，旁边的一张配图及说明，使我的心顿时为之一颤：海水冲垮了坚固的桥梁，冲垮了工人们辛苦建造的高楼，公路与铁路也被吞噬，很多人无家可归……

除了地理原因，大海，这一拥有宽广胸怀的生命的摇篮，为什么会生气？我认为，这本书想要告诉我们的重点，并不仅仅在于海洋知识，还在于通过这些来告诉读者：保护海洋，保护大自然。海洋已经受到了严重的威胁：它被污染了——超过80%的污染来自陆地，来自城市的污水和垃圾，来自农田里的化肥和杀虫剂，以及化学工业的废物和食品；它"哭泣"了——全球变暖，海平面升高，冰盖融化，到2040年，或2039年甚至2038年，北极也许会遭遇它第一个无冰的夏天；它的儿女受到威胁了——许多海洋生物已经濒危甚至严重濒危，而使它们受到威胁的原因有很多，包括污染（人为）、全球变暖（人为）、人类误捕或有意的捕捞（人为）……所以，我们要保护海洋，保护海洋中超过23万种的生物。

"'发现更多'恰似一艘满载梦想、蓄势待发的太空飞船，乘着它读者不仅能够在丰富翔实的资料和图片中了解天地风云，更能通过配套电子书获得新奇的学习乐趣。希望读者们能以它为伴，把宇宙装进瞳孔，让智慧填满心灵。"这是中国科学院院士对丛书的评价。同学们，让我们一起来阅读《海洋》这本书，一起热爱海洋吧！

北京市东城区和平里第四小学：刘妍

辅导教师：杨永安

推荐理由

《海洋》介绍了大海中各种各样的生物。有呆萌可爱的企鹅，有体形巨大的蓝鲸，有各式各样的珊瑚……作者以严谨、风趣的语言向我们描绘了大海中动植物的生活方式和身体特征。我原以为海洋里也就是一些小丑鱼、鲸鱼、鲨鱼和海藻，这本书改变了我对海洋的认识。

这本书告诉我，须鲸是世界上体形最大的物种，还告诉我，蓝脚鲣鸟的腿是美丽的天蓝色。这些都是我前所未知的。

《海洋》还介绍了有关海洋的历史、海上的岛屿、海中资源以及人与大海的故事。阅读这些知识，使我感到大海十分神秘的同时，也使我认识到，海洋是我们人类生活中不可分割的一部分。

《海洋》让我认识到海洋的美、海洋物种丰富的同时，还让我见识了海洋"疯狂"的一面。海啸——一个由海底地震、火山爆发所引起的海上巨浪，所带给我们人类的威胁和破坏。

《海洋》最后一部分讲的是"受到威胁的大海"。作者向所有人提出了一个问题："海洋是垃圾桶吗？"看着满身原油的海鸥、遍布沙滩的塑料瓶、从鲸鱼胃中取出的垃圾袋……我被深深地震惊了。我们人类对海洋的污染已经达到了十分严重的程度。而我们对大海的破坏也会逐渐地毁了我们人类自己——假如海平面上升 1 米，便会淹没整个威尼斯，而上升 6 米，我们便会坐着船行驶在上海繁华的街道上……

《海洋》这本书不仅可以让我们学到许多海洋知识，更使我们认识到了海洋的重要性，保护海洋就是在保护我们人类自己，让我们行动起来吧。

天津出版传媒集团
新蕾出版社

内容简介

　　《企鹅》是"发现更多"系列丛书中的一本。

　　《企鹅》是一本有趣而又实用的科普类图书。书中生动地描绘了不同种类企鹅的生活习性、生存环境。现在一些濒危的企鹅种群数量正在迅速减少，书中会告诉大家这其中的原因，以及该如何保护它们。每翻开一页，你就会了解一种企鹅。书中大量的精彩图片，丰富的信息介绍，大大提高了阅读的乐趣。

北京市东城区和平里第四小学：王新晴

·········· • 辅导教师：杨永安 • ··········

 推荐理由

你喜欢企鹅吗？你系统地了解过它们吗？帝企鹅艰辛旅程的目的地究竟在何方？赤道附近有企鹅生存吗？读完这本书你就会有一种豁然开朗的感觉。书中为大家详尽地介绍了多种企鹅：帝企鹅爸爸的浓浓父爱，加拉帕戈斯企鹅面对的生存威胁，跳岩企鹅的滑稽可爱……无一不使大家对企鹅有了进一步的了解。书中精美的图片和详尽的文字介绍，让我们清楚地了解企鹅的习性、企鹅的蛋、小企鹅的羽毛……这本书还别出心裁地做了"企鹅的名片"，书中的每一种企鹅，都会有一个名片，它会让你清楚明了地了解企鹅的身高、繁殖区域、数量以及特点。书中的词汇表和索引可以帮助你方便准确地查找不理解的词语，学习新的词语，找出关键词，并定位它所在的页码。

这本书，是一本科普书，它用一句句生动的话语，一个个通俗易懂的词语，一张张精美的图片，让你在不知不觉中，了解大量的科普知识，成为极地探索的小专家。

《鲨鱼》

天津出版传媒集团
新蕾出版社

《鲨鱼》是"发现更多"系列丛书中的一本。

本书以深入浅出的方式向读者系统地介绍了地球上各种鲨鱼，以及相关的地球、海洋、生物学等知识。全书收集了上百个鲨鱼类别和它们的生活习性，告诉小读者：鲨鱼濒临灭绝，我们需要为保护鲨鱼行动起来。

北京市延庆区沈家营中心小学：闫绍峰

辅导教师：杨占坡，冉丽君

推荐理由

你真正地了解鲨鱼吗？你会认为鲨鱼仅仅是大海中的一种普通动物吗？读完这本书后，你就会知道答案。

闭上眼睛去想象一条鲨鱼。你想到了什么？像剃刀一样锋利的牙齿，流线型的身体，吓人的鱼鳍……实际上，世界上有超过400种鲨鱼，它们各不相同。鲨鱼称霸海洋已经有上亿年的时间，那为什么鲨鱼可以一直称霸海洋呢？因为鲨鱼是海洋中强大的肉食性鱼类，它们已经存在了上亿年，并且基本没有变化，它们身体圆滑并呈流线型，感觉十分灵敏，还能不断地长出新的牙齿。

书中有一节的标题是"闭上眼睛"，我特别感兴趣。在读这部分内容之前，我完全不知道为什么鲨鱼要闭上眼睛。大海的深处那么黑又没有光亮，鲨鱼为何要闭上眼睛呢？难道是鲨鱼要睡觉吗？这让我惊叹不已并且好奇心大增。看完我才知道，原来鲨鱼张开大嘴猛咬一口是非常危险的——甚至对鲨鱼自己也是如此！当一条鲨鱼将要发动攻击的时候，它的第三层眼皮会自动闭上，以保护眼睛在撕咬过程中不受伤害。

这本书除了介绍鲨鱼的相关知识，还提醒我们应该保护鲨鱼。现在人们为了获取食物已经捕杀了太多的鲨鱼，因此已经有一些种类的鲨鱼濒临灭绝。这本书中还用了一个黄色的标志，标明那些快要灭绝的鲨鱼种类。我们要参与保护鲨鱼，成为鲨鱼的捍卫者——关心你吃的东西，拒绝食用鱼翅羹；关心你买的东西，不买用鲨鱼牙齿做成的首饰或是鲨鱼颌骨标本；拒绝使用塑料制品，尽可能减少塑料包装或塑料购物袋的使用，鲨鱼有可能因为大海里的塑料袋而死亡。在你的帮助下，鲨鱼会继续在海洋里漫游，就像之前的上亿年一样。

　　不管是在丛林、海洋还是冰川，生命都无处不在，而人类是唯一有意识的生灵。"发现更多"丛书带给读者的不仅是一幅幅生动的自然图景，更是在阅读之后以行动实现人与自然和谐相处愿景的意识。

北京市东城区和平里第四小学：陈予嫣

•辅导教师：齐　波，杨永安•

推荐理由

　　《鲨鱼》这本书不仅画面吸引人，里面的内容更让我受益匪浅。

　　这本书讲了有关鲨鱼的一切、世界各地的鲨鱼、与鲨鱼一起生活等内容。

　　书中第一部分主要讲了什么是鲨鱼。鲨鱼生活在海洋中，是海洋中最凶猛的一种鱼类。鲨鱼早在恐龙出现前就已经生活在地球上了，至今已有几亿年，它们在近一亿年来几乎没有改变。鲨鱼，在古代叫作鲛、鲛鲨、沙鱼，是海洋中的庞然大物，所以号称"海中狼"。

第二部分内容主要讲了几种鲨鱼，例如大白鲨。大白鲨，又称噬人鲨，是最大的食肉鱼类，它的身长可达 6 米多，体重超过 3000 千克，尾呈新月形，牙大且有锯齿缘，呈三角形，牙长 10 厘米，属于大型进攻性鲨鱼。但正因为其特别巨大，可以认为已经是食物链最终极猎食者，即最高级消费者。大白鲨分布于各大洋热带及温带区，一般生活在开放洋区，但常会进入内陆水域。它们最喜捕食海豹、海狮，偶尔也会吃海豚、鲸鱼的尸体。大白鲨最早出现于中新世，是唯一现存的噬人鲨属的成员。其生存非常困难，可以说每一只大白鲨的存在都是生命进化的奇迹，恰如白垩纪的恐龙一样。由于大白鲨的数量正不断减少，濒临灭绝，故大白鲨现已被列入世界自然保护联盟濒危物种红色名录，禁止猎杀。

第三部分内容主要讲了我们和鲨鱼一起生活。书上说道：许多人都很害怕鲨鱼，尽管鲨鱼很少攻击人类。因其体积大且具攻击性而被认为是海洋杀手，并且被拍摄成同名电影和制作成同名游戏。其实鲨鱼才是真正处于危险之中的：每一年至少有几千万条鲨鱼被捕杀，有些种类的鲨鱼已经濒临灭绝。有一些鲨鱼死于意外，但绝大多数是被人类作为食物或者为寻求乐趣而蓄意捕杀。这部分内容告诉我们，我们应该成为鲨鱼的捍卫者。

北京市丰台区第一小学：周珈旭

辅导教师：王 妍

 推荐理由

    小朋友们，你们了解鲨鱼吗？最近我读的这本书让我对鲨鱼有了更多的了解。鲨鱼有着刀一样锋利的牙齿和纺锤形的身体，在水里一摇一摆，可神气呢！还有它那灵敏的鼻子，哪怕你在水里滴一滴血，它都能闻出来，迅速地奔向它的猎物。虽然它看似危险，有伤害性，但是鲨鱼是濒危物种，接近灭绝的边缘，我们要停止对鲨鱼的捕杀，保护我们的生态环境，让包括鲨鱼在内的所有濒危动物都能好好地在地球上生存下去。

    在世界各大海洋中生活着几百种鲨鱼，中国有 100 余种，我最喜欢的是大白鲨，因为它能跳出水面 3 米多高把食物咬下来吞下，你们想不想和各种各样的鲨鱼来个亲密接触？我很希望有一天能够坐在鲨鱼的背上，让鲨鱼带着我一起环游海洋世界。

    走进鲨鱼的世界，认识各种各样的鲨鱼，如最大的鲨鱼、最小的鲨鱼，哪一种是最强捕食者？还有谁是吃相最难看的鲨鱼？在书中你都能找到答案。这本书在我心中真实地播种下一颗生命旺盛的科学种子。希望有更多的人通过阅读这本书和我一样对鲨鱼充满兴趣，我会继续深入地去了解鲨鱼这一海洋动物。

    这本书不仅画面精美，里面的内容更是引人入胜，让我大开眼界，向大家推荐这本《鲨鱼》。

《海兽传奇》

大连出版社

内容简介

　　海洋中的哺乳动物被统称为海兽，它们在海洋中已经生活了数千万年，科学家们发现，海兽的智商之前被大大低估了，它们有思维能力、语言能力，甚至会使用工具……这本书将向你介绍五种魅力海兽，它们是文雅绅士——鲸鱼、海上雷锋——海豚、表演明星——海豹、杂耍天才——海狮、潜水能手——海象，你会惊叹海兽家族的大明星们正在演绎的一个又一个精彩传奇。

北京市回民学校：田伊可

●●●●●●●●●●● 辅导教师：刘玥 ●●●●●●●●●●●

推荐理由

　　这是一本海洋科普书，它介绍的海兽们在中国境内的海洋馆或博物馆中都能够见到，它向小读者们展现的是一个别开生面的神奇海洋世界……

　　《海兽传奇》通过鲸鱼、海豚、海象、海狮、海豹的故事，讲述了感人肺腑的亲情、可亲可敬的友情、不离不弃的真情，同时，又将海兽与人类联系在一起，让身在陆地的我们感受到来自海洋的魅力，让我不禁感叹生命的神奇。

　　这本书还真实地反映了一些现状，例如，在"鲸鱼的故事"一章中，贪婪的人类为了一己私利残忍地杀害白鲸，鲸肉、鲸皮、脂肪层、骨骼……在人类眼中都是价值连城的宝物，他们毫不节制地从鲸鱼身上获取利益，并且屡教不改。"曾经一座座'小喷泉'充满了欢乐，但如今喷泉深处隐藏的不是海兽可爱的身姿，而是一支支插在肉体中的残缺的标枪。""一只白鲸，蠕动着自己伤痕累累的身躯，游向大海深处，再也不曾浮上来过。"……这些语句让我的心为之一颤，如果有一天，地球上只剩下一头鲸鱼，那痛苦的就该是人类了。

　　《海兽传奇》通过对五种海兽的描写，让我看到了生命的奇迹，感受到海洋的力量，体会科学探索的乐趣，也促使我通过阅读而热爱海洋，因为热爱而珍惜海洋。

北京市第五中学通州校区：洪跃萌

辅导教师：钟雪鹏

推荐理由

曾因某个契机阅读了这本引人入胜的科普书《海兽传奇》。精美的图片、美丽的风貌、可爱的生灵都是我喜爱它的原因。

神秘蔚蓝的海洋中，生活着这样一种神奇的生物。它们有的体形微小，有的却有十几层楼那么大；有的形单影只，独自生活，有的成群结队，有如氏族；它们需要"怀胎十月"，不能像鱼类一样一次产下数以万计的鱼子，甚至只能是"独生子女"，并用母乳哺育；它们生活在大海中，却没有鱼类的鳃，而是拥有着陆地生物一样的肺，这迫使它们不得不时常到海面上换气，喷出惊人的水柱。它们就是海兽，是造物的奇迹。

这些海兽遍布各个大洋的每个角落，北冰洋、大西洋、印度洋、太平洋都有着它们自由自在的身影。在海兽大家庭中，本书重点介绍了聪明的鲸鱼、"雷锋"海豚、可爱的海豹、憨态可掬的海狮、体形巨大的海象。

书中我最喜欢的部分，就是作者以第一人称海兽的视角来描写海洋世界。于是我便通过海兽的眼睛，了解到了一个陌生又神秘的海洋世界。这里既有幼崽与母亲间的羁绊，也充斥着对天敌的恐惧；既有成长过程中的烦恼，又有成为首领后的骄傲。最令我感动的还是海豚与人类小女孩的故事，既温馨，又让人不得不为人类的捕鲸行为而唏嘘不止。

看完这本书，我有以下几个感受：首先，不能用人类的价值观去衡量动物。弱肉强食的世界不是非黑即白，既没有绝对的正确，也没有绝对的错误。捕食、竞争、寄生、互利共生这些看似简单的关系实则关系着整个种族的兴衰。

继而我想到，人类不能随便帮助它们，更不能迫害它们。以前有个人帮助了海滩上刚出生的小海龟进入大海，殊不知这只小海龟是"侦察兵"，洞穴中其余的小海龟错误地以为外界已经安全了，结果大批的小海龟被海鸟叼走，成为海鸟的美食。因此，人类不能仅凭一腔热情去帮助野生动物。

海洋馆、水族馆的大量建设，使得动物表演分外时髦，海洋动物们因为人类的一己私欲被迫离开生活的海域，关进小小的"牢笼"，遍体鳞伤，甚至付出生命。海豚呼吸是受自主意识控制的，还记得在电影"海豚湾"中的海豚凯西，因为受尽折磨，在它最亲近的人面前关闭了鼻孔自杀，沉入水中，这部电影看完后，大部分人已经泪流满面了……

大大小小的神奇海兽令人着迷，但我们应该如何去对待它们呢？这些自由的生灵是不应为人所用的，海洋是它们的生母，它们应该尽情享受海洋的拥抱。

这样一本具有科普教育意义的书，实则背后还藏着人与自然相处的道理，让我读后情不自禁地陷入深思……

北京市丰台区第一小学：王梓皓

辅导教师：王妍

 推荐理由

海洋中的哺乳类动物堪称传奇。它们和鱼相似，体形却比鱼大得多；它们在海水中生活，却要爬上岸去生育宝宝。这些哺乳类动物，其中就有我熟悉的海豚、海狮。每次和爸爸、妈妈去海洋馆时，我都要看一场海豚、海狮的表演，看到它们精彩的表演，海洋馆的观众席上总会发出一阵阵惊叹声。

这本书展现的是一个别开生面的海洋，那是一个被海水覆盖着的神秘的蓝色世界，那里生活着千奇百怪的生物。小读者们从中可以看到生命的奇迹，感受到海洋的神奇和力量，激发对海洋的兴趣和热爱。

本书介绍了五种魅力海兽，它们是文雅绅士——鲸鱼、海上雷锋——海豚、表演明星——海豹，杂耍天才——海狮，潜水能手——海象。介绍这五种海洋哺乳动物时，运用了打比方的说明方法，生动形象地写出了这些动物的特点。例如，海象的潜水能力高，被喻为"潜水能手"；海狮的智慧使它能歌善舞，被喻为"杂耍天才"等。除了题目以外，内容更加吸引人。每一种动物的第一篇都把动物们拟人化，这样可以使读者愈发感兴趣，我在阅读时也时不时在想：接下来会发生什么呢？这个动物与人类之间会发生什么事情呢？阅读后，我了解到，由于人类的大量捕杀，很多海兽都逐渐减少，国外居然还把猎杀作为一种运动项目，想着都觉得残忍。我想作者写这些内容，就是为了让人类知道不要滥杀海洋动物。作者还设置了一些问题环节，这样

可以让读者把知识都记住。

通过阅读这本书，我还知道了各种鲸类的特征和特长。我最爱的是鲸中长得最独特的一角鲸。一角鲸的巨齿长在脸的正中央，由于很像角，所以叫"一角鲸"。一角鲸贪玩，既是个十足的"顽皮鬼"，又是个十足的"暴脾气"。只要一发脾气，就会用"角"来一决高下，所以角也是它们的武器和工具。另外，由于一角鲸接近灭绝，所以它成了世界级的保护动物。

这本书还强调了人类滥杀海洋动物的行为对海洋和动物的影响。海洋动物把我们视为朋友，但有的人却随意地杀、吃、用它们，还剥夺了它们的自由。我想：人类真应该 "吾日三省吾身"了。我希望那些人会悔改，不再伤害海洋动物，让我们人类与海洋动物成为朋友，共同营造和谐的大家园吧！

北京市东城区和平里第四小学：杨智涵

◇◇◇◇◇◇◇ 辅导教师：桂晓萌，杨永安 ◇◇◇◇◇◇◇

 推荐理由

　　《海兽传奇》完美而又逼真地向我们展示了一个生机勃勃的海洋。书中用诙谐幽默的拟人手法道出了一个又一个事实，令我们在会心一笑之余，知道了许多知识，让我们受益匪浅。

　　读完这本书后，我的内心久久不能平静，闭上眼，书中的故事便如潮水般涌来：深海里的"鲸鱼运动会"；幼小斑海豹因贪玩脱离群族后的胆寒经历；"极地世界"中大显神威的海兽种族；甚至，还有白鲸被鱼叉叉中时痛苦的哀号……

　　《海兽传奇》并不是一本普通的海洋知识科普书，最让我震惊的是它细致的讲解、逼真的描述及准确的数据，且这些都是为内容服务的，而不是为了炫耀而加上的。书中精美的图片和生动的语言，令读者身临其境，想要一下子看个痛快，欲罢不能。而研究书中各种玄机，又能感受到超强的互动性与真实感，让我惊叹不已并好奇心大增。

　　培根说过，读书就是将别人的思想变成一块块石头，然后建筑起自己的思想殿堂，这本《海兽传奇》在我心中播种下了一颗生命力旺盛的海洋种子，令我心生向往。

《极地精灵》

大连出版社

内容简介

　　尽管自然条件十分恶劣，但极地动物们仍顽强地生存下来，这些精灵们让冰冷的南极和北极有了温暖的颜色，并焕发出无限的生机。《极地精灵》介绍了五种极地动物，它们是"歌唱家"白鲸、"王者"北极熊、"霸主"北极狼、"智者"北极狐、"绅士"企鹅。

北京市广渠门中学：董伯渝

·········• 辅导教师：关 奇，王 娜 •·········

在放寒假期间，我认真地读了《极地精灵》这本书。这是一本非常难得的海洋科普书，书中介绍的海洋生物在中国境内的海洋馆或博物馆中都能够见到，这本书向我们展现了一个别开生面的神奇海洋世界。从这本书中我们可以看到生命的奇迹，感受到海洋的力量，可以通过了解而热爱海洋，因为热爱而珍惜海洋。

我们知道地球约71％的面积都覆盖着海洋，海洋是生命的宝库。在辽阔的海洋中，藏着太多我们不知道的生物，其中很多的生物因为已经形成了自己的生活习惯而长期保持着怪异的外貌，看上去着实有些吓人。

我们最难走到的地方是哪里呢？应该是地球的最南端——南极与最北端——北极。书中描述北极没有陆地，只有一片汪洋大海。南极有陆地——南极洲，这块陆地的周围也都是汪洋大海。海洋给极地动物们提供了自由生活的空间。极地的自然条件十分恶劣，夏日短暂，冬夜漫长，天寒地冻，极地动物们适应了这样的环境，顽强地生存下来，一代一代繁衍生息。日复一日，年复一年，它们变成了极地的一部分。正因为有了这些极地精灵的存在，冰冷的南极和北极才有了温暖的颜色，才焕发出无限的生机。

如今的人们凭借现代化的交通工具，现代化的捕捉工具，将这些极地精灵带出极地，或观赏，或捕杀，极地动物的数量越来越少，有的甚至已经灭绝（如北极大企鹅），或濒临灭绝（如北极狼）。也许有一天，我们再也看不到这些极地精灵的身影……

现在我们应该怎么办？我们应该放下手中的捕捉工具，去掉贪心杂念，不要再伤害海洋生物、不要再伤害这些极地精灵。

中国科学院附属实验学校：杨茂圣

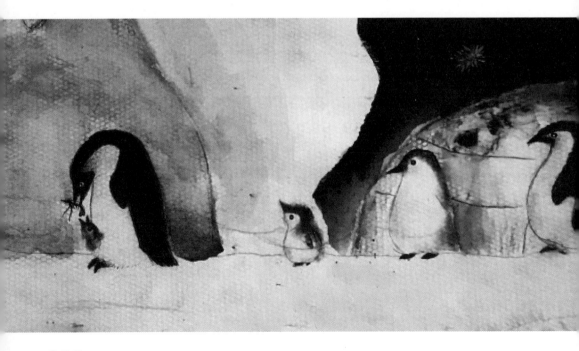

北京市第十二中学钱学森学校：郭婧怡

辅导教师：王慧，王俊

 推荐理由

　　我一直很好奇：极地的动物是如何生存的？它们长什么样子？拥有什么生存技巧？为什么能在天寒地冻的极地生存下去？⋯⋯这些问题一直在我脑子里徘徊，直到这本书的出现。

　　这本书叫《极地精灵》，里面分别描述了"歌唱家"白鲸、"王者"北极熊、"霸主"北极狼、"智者"北极狐、"绅士"企鹅的外貌及习性等，书里的文字绘声绘色，不仅有讲解，而且用一个个小故事使我深刻地记住了这五种动物。

　　就比如说白鲸吧，作为鲸类，它的个头有点小，体长不会超过6米，体重也不会超过2吨。它呀，不仅是个"歌唱家"，还被称为"海洋中的金丝雀""海洋中的口技专家"，它能发出多种频率的声音，还有我们人类无法听到的高频声音，更让我新奇的是，它还喜欢模仿，能学人类发声，说人话呢！

　　关于北极熊，我可是听说过很多关于它的"事迹"。在这本书里，我还了解到北极熊只吃脂肪，而且，当北极熊饿极了，还会吃同类，但是，它可不吃人类，这是为什么呢？继续往下看，我明白了，原来人的脂肪太少了，北极熊才"轻视"我们，不过，如果真的饿极了，还是会"尝尝鲜"的，为此，生活在丘吉尔镇的人们设立了"熊监狱"，这不仅防止了饿熊食人惨案的发生，还保护了北极熊，真是一举两得呀！

　　在南极的企鹅也别有一番风采，它虽然走在陆地上一摇一摆的，看

起来笨笨的，但一到海里可不得了了，游泳的速度可达 30 多公里每小时！还被称为"长着毛的鱼"，而且曾经在北极也有过企鹅，它们叫"大企鹅"，但是却被北欧海盗残忍地杀害了，这不禁让我感到惋惜。

最让我好奇的则是北极狐了，与高大的北极熊、凶猛的北极狼相比，它要可爱得多，虽然北极狐和北极熊、北极狼并称"北极三霸"，但这个小可爱却一点也没有霸主的样子，反倒像是冰原上出没的精灵，随时都会大显神通。这位"北极精灵"不仅生得可爱，动作还很敏捷，头脑也很聪明，为了捕捉自己最爱吃的旅鼠，常常会设下陷阱，引猎物上钩。但是，北极狐的"暖厚大衣"却成了猎人眼中的"珍宝"，北极狐因此被大量捕杀，在 20 世纪初的北欧几乎绝迹。这么灵巧的生物竟然会被这么残忍地杀害，令人愤恨，但是，就算没有我们人类的过度捕捉，全球变暖也将会导致北极狐和其他野生动植物赖以生存的北极苔原带成为回忆……

这本书不仅使我领略了一番极地动物们的风采，了解到更多关于极地精灵的故事，还使我不禁向人们呼吁：拒绝过度捕猎，减缓温室效应，给两极的动物，给全球的动物一个良好的生存环境吧！

北京市第十二中学钱学森学校：刘奕宸

辅导教师：王慧，王俊

 推荐理由

在阅读这本书之前，极地地区给我的印象就是严寒和暴风，更别提有什么可爱的"精灵"一说了。但阅读《极地精灵》这本书之后，我了解到了很多关于这荒僻之地的有趣知识，比如那里丰富的资源、可爱的动物和科学价值，这些都让我大吃一惊：原来荒僻的极地地区竟是一个巨大的宝库。

在这其中更有许多可爱的精灵，其中令我印象最深刻的就要数白鲸了。

最先我是被它可爱的外形深深吸引了。圆圆的脑袋、白胖的身体以及炯炯有神的双眼。阅读之后才发现，白鲸不仅外形可爱，而且还是一种极为聪明的动物。它们也有着自己的脾气秉性，每头鲸都是一个独立的个体，它们通晓人性，而且与人类十分亲近，多年来都是人类的好伙伴。

白鲸还被称为"海洋中的金丝雀"。它们歌喉动听，而且特别爱唱歌，常常三五成群地在海洋中一展歌喉。据说有一次，科学家发现了被困在冰洞中的几头白鲸，可他们不知道如何将它们引出来，情急之下放了一段优美的音乐，白鲸随着音乐慢慢跟着破冰船逃离了冰洞。

可爱的白鲸现在面临着生死存亡的危机，它们的生存环境受到了极大的威胁。此外，住在北极的因纽特人常常以白鲸为食，白鲸因此被大量捕杀。

保护动物，人类任重而道远，在未来我们要更加用心地保护这群极地精灵。

推荐阅读阶段：小学低年级学生 **081**

大连出版社

海洋深处有秘密！在深海中，是不是有凶猛的海怪？是不是居住着神性的海底人？那些幽灵一样穿行在黑暗中的鱼类，依靠什么捕获猎物？……这本书将向你介绍五种以"杀手"著称的海洋动物，它们是屠夫——鲨鱼、魔术师——章鱼、巨无霸——大王乌贼、剑客——旗鱼、渔夫——鮟鱇鱼，你会发现藏而不露的深海杀手个个身怀绝技。

北京市广渠门中学：祝贺

辅导教师：朱希斌，虞宁

 推荐理由

小朋友们，你们向往着飞向太空，也一定向往着探索海洋深处——那个被海水掩盖着的神秘世界！

让我们追随阳光进入海洋，一直行进到 200 米深的海域，我们常在纪录片中看到的海洋，就处在这个深度：蔚蓝色的海水，绚烂的珊瑚礁，多姿多彩的鱼类，各种奇形怪状的虾、贝、蟹……这里是海洋生命的乐园。我们再往海洋的深处前行，能透过海水的阳光越来越少，越来越微弱，海水渐渐变成了灰蓝色。到了 800 米深的海域，海水中就只有很微弱的蓝绿色的阳光闪烁。继续往海域深处前行，则没有一点儿阳光，完全是漆黑的世界了。

目前，人类已知的海洋最深处是太平洋的马里亚纳海沟，它深达 1 万多米。那里寒冷黑暗，到处都是淤泥，水压大到可以把人的骨骼压碎，传说中的地狱也不过如此。这个地方，似乎应该是生命的禁区。然而，人类的深海探测器到达海沟底部后却发现，所谓的生命禁区其实只是针对人类而言，大自然在哪里都可以创造生物。即使在没有阳光的海洋中，依然有着丰富的生物物种，维系着一个朝气蓬勃的生态系统，令人着迷。

我们对海洋的认识还远远不够。不过，已经有越来越多的人意识到了这一点。我国自主研制的深海载人潜水器"蛟龙"号在 2012 年 6 月 27 日首次到达了深海 7062.68 米的深度，此举表明了我国对深海研究的投入和重视。

在深海中，是不是有凶猛的海怪？是不是居住着神秘的海底人？那些幽灵一样穿行在黑暗中的鱼类，依靠什么捕获猎物？在海洋中有哪些动物处在食物链的顶端，成为凶猛的海洋掠食者？我们人类应该以怎样的态度对待它们？这本书将向你们介绍五种以"杀手"著称的海洋生物，它们的名字你可能听说过，也可能很陌生。作为深海杀手，这些食肉动物却对海洋生态系统的维持起到了至关重要的作用。快来，跟我一起认识一下它们吧！

北京市第十二中学钱学森学校：韩蕚萱

辅导教师：张沐一

推荐理由

"海底世界"对我而言是神秘莫测的，每次去海洋馆，我都会感叹于看到的奇特景观和各种稀奇古怪的海洋生物。读完《深海杀手》后我才发现，原来海洋是如此的神秘而又深不可测，关于它的传说和科学知识更是包罗万象、无奇不有。

《深海杀手》中讲述了五种以"杀手"著称的海洋生物。分别是屠夫——鲨鱼，魔术师——章鱼，巨无霸——大王乌贼，剑客——旗鱼和渔夫——鮟鱇鱼。书中每个章节都是先以动物自己的口吻讲述一下它们的故事，然后讲一讲它们与人类之间的关系，最后告诉我们如何辨别这种生物。

这本书最大的特点就是它的"法布尔式"描写手法，书中运用了大量的拟人手法，让每一个动物变得活泼灵动，栩栩如生，与我们都不再有距离感。书中还重点介绍了人类与这些动物的关系，有一些人面对这些神奇的动物时，不仅不会保护它们，反而想从它们身上牟取暴利。

《深海杀手》这本书中的内容很有教育意义，可以引发人们的思考。虽然一直在呼吁保护海洋，可人们付出的实际行动还远远不够。世界上有多少比我们早几万年出现的生物在我们到来后灭绝了，而又有多少生物是因为我们的到来而活得更好，活得更安全更高质量了。想到这些多少人沉默了，随着社会经济的不断发展，以及陆地资源的稀缺，人类对海洋的研究与开发越来越深入。海洋给我们带来了巨大的财富，为我们提供了丰富的资源，海洋在人类的生产、生活中起着举足轻重的作用，我们人类已经离不开海洋。但是，人们在对海洋的开发与利用中，却忽视了海洋自身的环境与系统，甚至会破坏海洋的生态平衡。所以我们人类也开始注重海洋环境与生态平衡的维护工作了，而不是一味地向海洋索取。我们必须要保护海洋资源，保护地球的生命之源。

推荐阅读阶段

**小学高年级
学生或中学生**

《海洋动物》

化学工业出版社

全书详细介绍了近200种海洋脊索动物、海洋脊椎动物的形态、习性等。全书图文并茂，文字简洁，尤其是配有大量精美绝伦的高清晰度彩色图片，不但便于读者认识鉴别不同海洋动物的特征，了解海洋动物知识，还能带来赏心悦目之感，具有很高的欣赏价值。

北京市第一六六中学：钟珺颐

辅导教师：徐 昌，于秀楠

推荐理由

最近我阅读了一本关于海洋的书籍——《海洋动物》。这本书作为科普读物，收录了海洋脊索动物和海洋脊椎动物，涵盖背囊、海绵、腔肠、扁形、环节、软体、节肢、腕足和棘皮动物，以及海洋鱼类、爬行类、哺乳类、鸟类等，总计近200种动物。介绍了这些动物的生活环境、形态习性和繁殖等，充分满足你了解和鉴赏海洋动物的需求。全书图片600余幅，精美绝伦，语言风趣、信息量大、知识性强，是珍藏版的海洋百科读物，适于海洋生物爱好者和儿童、青少年、成人阅读鉴藏。书中我比较感兴趣的是蜘蛛蟹。

蜘蛛是我很害怕的一种动物，长得很吓人。蜘蛛蟹生活在深海或是浅海沙滩，它的身体看上去很像蜘蛛，身体较厚实，体色多为橘红色，背甲椭圆形，有刺状物存在，触角很多，多于一般的蟹类，身体前方有长长的螯，螯比较强壮，八条步足细长，为橘红色。蜘蛛蟹的身体很笨拙，行动很迟缓，但是喜欢在海中四处游荡。蜘蛛蟹在蜕去旧壳时会进行迁徙，成千上万只蜘蛛蟹齐聚海底，一起向浅海的沙滩上爬行，场面相当壮观。它冬天常以藻类、软体动物为食，夏季常以棘皮动物为食，如海胆、海参等。它分布在太平洋的东北部、地中海、日本北海道。

这本《海洋动物》很有趣，里面不光有科学性的知识，还有很多清晰、漂亮的图片，可以让我了解大量的海洋动物。让我们一起保护海洋资源，共同建设美丽的地球村吧！

北京市西城区黄城根小学：周冠宇

辅导教师：徐昌，杨爽 ·······

　　《海洋动物》是"大自然博物馆百科珍藏图鉴"丛书的一个分册，写了很多有趣的海洋动物，比如彩色的海兔，比如长长的蓝灰扁尾海蛇，比如种类繁多的、奇特的水母……

　　我最喜欢的是长长的海蛇，海蛇的体形和陆地上的蛇很相似。海蛇的身体很长，雄性个体长约 720 毫米，雌性个体长约 880 毫米。它们身体扁平，略呈圆柱形。在干燥的季节里，海蛇可以潜水近 7 米，湿润的季节可以潜水超过 15 米，在水下保持 1.5 ~ 3.5 小时。它可以分泌毒素，杀死敌人，但是书里说，目前并没有人因海蛇的毒素而死亡。

　　我以前并不了解海洋动物，但是读了《海洋动物》这本书后，对海洋动物有了一定的了解，书里精美的图片，可以让我尽情遨游海洋世界。我觉得我们不能伤害这些动物。我曾经看过一个讲长江白鳍豚的故事，故事中讲道现在已经有很多动物灭绝了。我希望可爱的动物不再灭绝。动物是人类的朋友，我们应该保护动物，与动物和谐相处。

《海底大西洋城的秘密
——亚特兰蒂斯》

新世界出版社

内容简介

　　这本书是当今世界研究亚特兰蒂斯问题的权威著作之一。

　　书中旨在证明一个理论：亚特兰蒂斯这块沉没的大西洋大陆是古代文明的一个中心点，世界上几乎所有的文明均与此相关。作者引用了大量语言学、人种学，包括神学等诸多学科的知识来对其理论进行严密的论证，深入浅出。选用的事实论据充分、恰到好处、说服力强。

　　此外，书里还引用了柏拉图对于亚特兰蒂斯的描述。将它的沉没与世界各地古文明中关于大洪水的记载联系起来。文笔清新生动，自然流畅，把原本十分玄奥的自然历史之谜解释得入木三分，淋漓尽致。

北京师范大学朝阳附属学校（小学部）：孙一然

························ • 辅导教师：张 兰 • ························

很久很久以前，在一个可怕的黑夜，火山爆发之后，亚特兰蒂斯便从此成了充满传奇色彩的谜。但对它进行了近两千年的探索以后，人们发现世界各地传说故事中的几次灾难与人类对亚特兰蒂斯的历史记录刚好吻合。我看的就是讲述这些事件的一本书——《海底大西洋城的秘密——亚特兰蒂斯》。

这本书写出了亚特兰蒂斯辉煌的历史和它沉没的经过，介绍了那场著名的吞没亚特兰蒂斯的可怕的大洪水。还提到了我们最熟悉的西方传说——诺亚方舟以及中国的大禹治水和亚特兰蒂斯历史的联系，还有它和新时代文明的对比。

看过这本书，我想起了我以前看过的一部名为《亚特兰蒂斯》的动画片。那时我想：这种地方怎么可能存在？一定是假的。所以不论是谁谈论到亚特兰蒂斯，我就说那是在骗人。等我看了这本书之后才相信这座大西洋城真的存在。书中关于圣经里的洪水，印度史诗中的洪灾，还有中国传说中的大禹治水……这些传说的年代与亚特兰蒂斯洪水年代的吻合，使我异常兴奋。看来传说不一定是假的，要多方面了解再判断。

在我以前的概念里，亚特兰蒂斯就是一片水下的破房子，别的什么都没有。如今通过本书，我了解到亚特兰蒂斯是一个很复杂的建筑群系，它拥有和我们的城市一样的港口、大街。在我的心目中，它不再是一片破房子，而是一座繁华的都市，一个很大的有先进文明的社会。书中的亚特兰蒂斯真是让我刮目相看。

　　读这本书不但给了我极大的乐趣，还带给我丰富的知识。记得有一次我和别人谈论亚特兰蒂斯的事，有一个问题谁都不知道，只有我答出来了。我自然很得意，心想：多亏了这本书啊！

中国科学院附属实验学校：王楚楚

神秘日志
海底100天

《海底两万里》

商务印书馆

内容简介

　　《海底两万里》是法国科幻小说家儒勒·凡尔纳的作品。他出生在一个律师家庭，很小的时候就产生了强烈的探索欲望和丰富的想象力，又加上博览群书，有了一定的知识积淀，后来一发不可收拾，写了一系列的科幻冒险小说，《海底两万里》就是他知名三部曲的第二部。

　　《海底两万里》的故事是由一只"海怪"引起的，阿龙纳斯教授和他的同伴们最终落入了这个"海怪"——"鹦鹉螺"号潜水艇的手里，并开始了海底十个月的旅程。在海底所见到的景象可以说无奇不有，穿越海底森林、脚踏海底煤矿、欣赏价值千万的大珍珠、和大鲨鱼搏斗、追捕海牛、与章鱼群进行血战、遭遇冰山封路等许多罕见的场景，令人惊心动魄。阿龙纳斯教授是自然科学家，博古通今，因此这次海底旅行不仅使他历经险境，还让他饱览了各种新奇的海洋动植物，这为他的科学研究提供了机会和丰富的资源：海洋到底有多深呢，海底森林是怎样的，珊瑚王国是怎样形成的，消失的王国有哪些……

整个故事的构思很巧妙，充满了奇特的幻想，情节惊险离奇，画面多姿多彩，读来既使人赏心悦目，也令人动魄惊心，是值得每一位读者一看的科幻小说。

北京市西城区椿树馆小学：陈宇超

······ 辅导教师：谭 军，刘红伶 ······

 推荐理由

《海底两万里》，这里的"里"指的是法国古里，因此，故事的主人公在海底行驶的路程就大约有 10 万千米，这可是个大场面。他们的一路所见，可以说无奇不有。谁见过海底森林？谁见过海底煤矿？谁见过"养"在贝壳里、价值连城的大珍珠？当了俘虏的阿龙纳斯和他的朋友们都见到了。通过阅读《海底两万里》可以知道什么是太平洋黑流，什么是墨西哥暖流，飓风是怎样形成的，马尾藻海又是什么样……你们知道珊瑚礁是怎样形成的吗？知道海洋究竟有多深吗？知道海水传播声音的速度有多快吗？这一类知识，书中比比皆是。

阿龙纳斯是个自然科学家，他博古通今，而乘潜艇在水下航行，使他饱览了海洋里的各种动植物。他和他那位对分类学入了迷的仆人康塞尔，将这些海洋生物向我们做了详细的介绍，界、门、纲、目、科、属、种，说得井井有条，使我们认识了琳琅满目的海洋生物。

通过这本书，我了解了更多的海洋知识，也知道了海洋是无奇不有的，同时我也想呼吁大家一起来保护海洋的环境，保护海洋中的生物，更要保护海洋中的绮丽景色。保护海洋，从我做起！

中国科学院附属实验学校：李朋飞

.... 辅导教师：陈小平 ....

《海底两万里》的作者儒勒·凡尔纳是法国 19 世纪一个想象力惊人的科幻作家，他的惊人之处在于他所写的内容很夸张，小说动人又富有科学意义，而且更令人惊奇的是，作品中所描绘的科学幻想在今天都得以实现。凡尔纳的作品，情节惊险曲折，人物描绘得栩栩如生，结局出人意料，有着永恒的魅力。所以凡尔纳被誉为"科幻小说之父"是当之无愧的。

书中的主人公探险者、教授阿龙纳斯先生和他的两个同伴康塞尔与尼德·兰，一起乘坐"鹦鹉螺"号开始了海底之旅。"鹦鹉螺"号的主人是尼摩艇长，他是个性格古怪、性情忧郁、知识渊博的人，船上的人都以一种阿龙纳斯先生和他的两个同伴听不懂的语言交流，阿龙纳斯先生感到十分奇怪，为什么只有尼摩艇长听得懂三个人的语言。尼摩艇长邀请他们一道周游了太平洋、印度洋、红海、地中海、大西洋及南极与北极，遇见了许多见也没见过的海底动植物、海底洞穴、海底暗道与人们至今没发现的遗址。

书中包含了很多科学知识，作者通过阿龙纳斯先生的仆人——知识面很广的、爱给动物分类的康塞尔，告诉我们海洋的知识与海洋里的奥秘。如红海中一种名叫三棱藻的微小生物，它分泌出的黏液是造成红海的颜色像血一样红的原因。还有许多许多我原本不知道的知识，通过这本书我都知道了。阿龙纳斯先生对尼摩艇长的才华与学识产生了钦佩，我也同样对尼摩艇长的才华与学识产生了敬佩，并且我下定决心要多看海洋知识的书，体会海洋的奥妙与神奇，探索深海的宝藏与财富，我相信，在不久的将来，人们一定能造出像"鹦鹉螺"号那样优秀的潜水艇。

《海底两万里》不是作者凭空捏造的，它是由远见加博学累积而成的科幻小说。我很佩服作者惊人的想象力、丰富的知识、高超的描写手法，比如在写穿越南极冰山的时候，作者把冰海、冰山、巨大的冰缝写得活灵活现，让我有身临其境之感，仿佛自己就在南极的冰山之中，《海底两万里》你真是我的好老师！

《海洋：深水探秘》

北京理工大学出版社

内容简介

　　《海洋：深水探秘》是 BBC 精心打造的海洋探索作品。主角是由一群考古、探险、海洋、环保、生物、潜水等方面的专家组成的阵容强大的科考队。专家们耗费一年时间，对地球上的七大地区海洋的 1000 多处海底进行了前所未有的深度探索，记录下了无数令人难以置信的新发现。

　　本书配有 150 多张实地拍摄的图片，向我们揭示了神秘的海洋景象，提供了关于这一庞大水下世界最富启发意义的知识，指引人们进一步解开海洋谜团。

中国科学院附属实验学校：韩康博

辅导教师：李瑾瑜

亲爱的豆豆：

你好！

好久没有收到你的来信了。你最近过得怎样？学校里有什么有趣的事发生吗？你最近有没有认识新朋友，他们是不是很有趣？

还记得上次咱俩一起在书店买的那本《海洋：深水探秘》吗？你当时特别想看，但是还没来得及阅读就被其他事情打断了。你只好说，等你假期回来再看。我想告诉你，我刚刚把这本书看完了，这是一本很优秀的作品。让我向你轻微剧透一点，吊吊你的胃口吧！

首先，这本书是以探险家的视角来观察海洋的。他们总共有七个人，包括考古、探险、海洋、环保、生物、潜水方面的专家。他们通过不断的潜水，进入大海，观察海底生物。你猜他们为了完成这次长达一年的海洋深水探险，总共下潜了多少次？1000多次啊！在一年的时间中，他们共潜水作业超过1000次，这是多么惊人的数字啊！这本书引言里列举的一串数字都让人目瞪口呆，原来这本书的背后藏着这么多不为人知的付出。

这些专家探险的目的是，让更多的人通过他们的探索，更清晰地认识海洋系统与地球生命之间密不可分的关系。

接着，就让我给你讲讲他们的独特发现吧！

他们发现了很多少见而新鲜的事物。比如，他们在潜水途中，碰到了罕见的绿眼六鳃鲨；他们看到了濒危物种在挣扎求生；他们还与海中的庞然大物同游（你猜那是什么生物？）。

我给你讲讲我觉得最有意思的一次探险吧。在我开始讲之前，我先问你个问题：在大陆架和层叠岩出现之前，远古的海洋是什么样子的？

这群冒险者，找到了一处可以亲身体验远古海洋的地方——海底黑洞。我想你知道巴哈马水域有个"蓝洞"是潜水胜地，因为在蓝洞里可以看到极深的海底。而黑洞呢？在物理学上讲，那是可以吞噬一切光明的地方。在海洋里的黑洞又是个什么样子呢？在他们探险之前，只有一个科研小组潜入过，因此人们对黑洞中的情况所知甚少。

这次探险困难重重。洞周围有可怕的毒漆树，洞口的岩石像剃刀般锋利。潜水开始时和普通的潜水差不多，慢慢地，能见度降为零，还有臭鸡蛋的气味（按理讲潜水员是闻不到气味的，这是为什么？等你自己发现吧）。这还不算，黑洞18米深处的水是血红色的，达到22米深时变成了纯黑色的。那是一片与35亿年前一样的充满着死亡气息的海洋，与我们现在美丽、富氧且生活着各种生物的海洋有着天壤之别。作者形容那片海洋就像神话中的人物——泰坦，原始且影响深远。

这段经历够特殊的吧！你一定要好好看看这段，我讲的那点完全不能展现其精彩之处。

最后给你看两张图片，你猜猜是什么海洋生物？

我会在下次的信里揭晓答案的。

另外，你想不想知道潜水者与海象对决的精彩场面？《海底两万里》里提到的大章鱼在真实的海洋里是不是同样可怕？海中霸主——鲨鱼有没有害怕的事物？……这一切有趣而奇妙的事，都等着你回来翻开这本书找答案。

　　豆豆，我可是非常想念你的。我在读这本书时，一直很后悔没能和你一起阅读。如果我俩一起看的话，应该会发现更多有意思的内容。我迫切地盼望你的回信。希望你也能和我分享你看到的书籍或者故事。

　　祝一切开心快乐！

康康

××年××月××日

《海洋生物》

吉林大学出版社

内容简介

    海洋，是神秘而又令人神往的地方。海洋至今依旧是未被完全探勘的领域，我们对于海洋孕育的生物所知极为有限，海洋为人类生命的诞生和繁衍提供了必要的条件，并以她博大的胸怀哺育了人类，推动了人类社会和生产力的发展。海底生物世界究竟是怎样的呢？

    《海洋生物》将带领读者走进浩瀚的海洋，探索神秘莫测的海底世界，认识千奇百怪的生命，了解各种有趣而又鲜为人知的海洋动物，带你进入充满生机的海洋世界……

北京市西城区椿树馆小学：孟馨茗

••••••••••••• 辅导教师：丁育仙，刘红伶 •••••••••••••

推荐理由

浩瀚的海洋，一望无际。那世界的海洋面积有多大呢？通过阅读《海洋生物》一书我找到了答案。据统计：世界海洋面积约有 36100 万平方千米，约占地球表面积的 71%。而世界陆地的总面积也不过 14900 万平方千米。那么广阔深邃的海洋中又有多少种海洋生物呢？恐怕没有人能说出具体的数字来，但我通过读这本书了解到，普查工作不仅仅是针对我们人类的人口普查，对于海洋里的生物也是如此。海洋生物普查对于我们人类来说具有深远的现实意义。

首先，通过海洋生物普查，可以找出目前已经濒危的生物及其重要的繁殖区域。其次，可以帮助渔业部门发展出有效的连续经营策略。还有，海洋生物的多样性不只是海洋状态的重要指标，同时也是保护海洋环境的关键。我觉得以上三点对于我们人类的生存及发展有重要的影响，所以海洋生物的繁衍和海洋环境与我们人类是息息相关、紧密联系的。电视宣传片里面经常提到的一句话就是："没有买卖，就没有伤害。"海洋环境保护需要我们人类有更高的认识，进行自我约束，一起维护海洋环境，不伤害、不食用珍稀海洋生物。

我喜欢大海里神秘而庞大的鲸鱼，我喜欢憨态可掬的企鹅，我喜欢缤纷绚丽的海洋生物，我们人类应该像对待朋友一样对待它们。

我和妈妈曾经在海边捉过海星，我喜欢它靓丽的外表、柔软的触角。通过观察我们知道海星喜欢藏在退潮后的浅滩，并且隐藏在茂密的海草中，它的世界对于我们人类世界来说还是太单纯啦，它以为自己是善于躲藏的高手，却不知在人类眼里它的躲藏简单得可笑。在观察一番后，我们还是把海星放回到原来的地方，让它继续享受自由的生活，我们怎么能忍心伤害这样一个生命呢。我觉得不仅仅是我，小伙伴们，让我们一起加入保护海洋生态环境和海洋生物的队伍中去吧，让蔚蓝色的大海继续展现它的无限生机，呈现更加缤纷绚丽的海底世界！

《海洋探宝》

中国医药科技出版社

内容简介

　　大海奥妙无穷，神秘莫测，埋藏着无穷无尽的宝藏。这个暑假，小茯苓和三个小伙伴决定去爷爷家的海边，挖些宝藏回来。他们最后到底有没有挖到宝藏呢？小伙伴们，让我们跟他们一起开启寻宝之旅吧。

北京市广渠门中学：安怡然

· · · · · · · · · · 辅导教师：朱希斌，线宝怡 · · · · · · · · · ·

 **推荐理由**

　　《海洋探宝》是刘红燕——一位可爱的中医药老师创作的科普读物，它让我对中医药和海洋的"宝藏"产生了巨大的兴趣。

　　这本书讲述的是热爱中医药文化的小茯苓和她的朋友们到海边爷爷家玩，期间他们学习到了很多有关中医药文化的知识，包括乌贼骨可以治疗胃酸、外伤出血，被称为海里的"金疮药"；石决明可以治眼病和头痛；牡蛎能治头痛失眠和脖子上的包块等。这些小知识不仅让书中的几位主人公惊叹，更让我学到了很多从来没有听说过的中医药知识，让我感觉到中医药文化的博大精深。

　　书中还讲到了一些关于海洋动物保护的小知识，比如鱼翅是鲨鱼鳍做成的，有人割下鲨鱼鳍后把鲨鱼扔回海里，可没有鳍的鲨鱼根本不可能活下去，而鱼翅也并没有什么实际的功效；还有的人为了赚钱，把保护环境的珊瑚礁打碎卖掉……这些让我十分痛心，我希望大家能一起保护大海，保护海洋中的生物。

　　《海洋探宝》还讲了一些关于海洋动物的小趣事，如海马爸爸生宝宝；传说中美人鱼的原型其实是有点丑的儒艮；海参的五脏六腑如果没了也不要紧，过一段时间可以再长出新的；还有乌贼名字的由来……这些小故事精彩极了。

　　《海洋探宝》让我惊叹于中医药的博大精深，沉醉于海洋世界的丰富多彩，大家不妨一起来看看这本书，让我们一起在这奇妙的海洋世界中"探宝"。

北京市广渠门中学：聂晓坛

辅导教师：郝娜，王畅

推荐理由

　　大千世界，无奇不有。小小的花鸟虫鱼，都令人耳目一新，何况碧波万顷的大海。在这无垠的大海中，蕴藏着怎样的宝物呢？《海洋探宝》以探宝为线索，讲了几位小朋友组成的"探险队"，在假期之中奔闹着去了爷爷的海边，共同"赶海"，追寻他们心中的宝物与希望。一系列旅程与"探险"过后，他们寻到了丰富的宝贝，收获了精彩的历程……

　　惊险的旅程必不可少，与非法贩卖的坏人做斗争，如愿见到传说中的"美人鱼"儒艮……而丰富的知识也隐秘其中，作者用其巧妙的文笔，将海洋的知识藏在人物的一言一行，甚至是他们缤纷的梦境中。整本书读下来，我的收获颇丰。

　　而且这本书还有一个重要的、与众不同的线索——中医药。书中主人公们探索的海洋，并非常人眼中"千奇百怪的、惊险的海洋世界"，而是一座绝妙的中医药宝库。换言之，浩瀚的海洋对于他们来说已经变了模样：不仅仅是一座浩瀚的"宝库"，更是一把打开中医药大门的"钥匙"。读完这本书，我不禁惊叹：奇妙的中医药真是无处不在呀！小到身边一草一木，大到浩淼的大海，都有着它的身影。从爷爷所讲的故事中，从主人公生病的经历中……我知道了海中的"金疮药"乌贼骨、可以明目的石决明、专克失眠的牡蛎壳等等。这真是一个意料之外的、前所未有的海洋医药世界。

　　这本书不仅有精彩的探险之旅，有海洋与中药的传奇，还有另外一个精妙之处——奇妙的梦境。主人公的梦境，与探险故事交相呼应，构成了这本书完整的情节。通过梦境，书中介绍了海洋生物的习性、生活方式、生存法则等，将海洋生物的多彩知识展现得淋漓尽致。

薄薄的一本书，却蕴含着厚厚的积淀，令人回味无穷。朋友们，如果你们对这浩瀚的大海产生了无限向往，或是对中医药世界产生了好奇心的话，看看这本书吧。它定会激发你们更深的向往与好奇，这是人类内心中最为宝贵的东西，是我们前行的动力……

北京市广渠门中学：冯曦漫

《航空母舰》

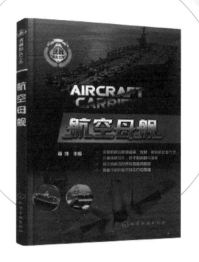

化学工业出版社

内容简介

　　《航空母舰》是"武器怎么工作"系列图书中的一本，分上下篇，从航空母舰百科知识和各国著名航空母舰深度鉴赏两个方面，以简练的语言和精彩的图片讲解了航空母舰的结构、发展，舰载机起降等知识；遴选经典航空母舰，围绕其性能特征，图文并茂地介绍了相关战例、事件，以及技术变革及创新。

　　本书适合青少年和军事爱好者阅读收藏。通过阅读本书，读者不仅能清楚地了解到航空母舰发展的大致历程，更能丰富对航空母舰的基本认知。

北京市第十三中学：卢润骁

· · · · · · · · · · · · · · · · · 辅导教师：于秀楠，刘泽君 · · · · · · · · · · · · · · · · ·

    海洋是生命的摇篮，海洋不仅是宝贵的水资源，而且还蕴藏着丰富的化学资源、矿物资源、生物（水产）资源和动力资源。

    中国不仅拥有广阔的陆地领土，还有广袤的领海。海洋国土，又被称为蓝色国土，是每一个沿海国家的内水、领海和管辖海域的统称。中华民族是世界上最早开发利用海洋资源的民族之一。远古时期，就有"乘桴浮于海上"的记载，春秋时期齐人得东海"渔盐之利"，后来又有以中国为起点的海上丝绸之路。历史上，中国是名副其实的海洋大国。而保护我们的蓝色国土，捍卫蓝色国土的主权，是每一个中国人的权利和义务。

    航空母舰，有"海上霸主"的美称，它是目前世界上最庞大、最复杂、威力最强的武器之一，是一个国家综合国力的象征。它能够将海上力量扩展到远洋及深海地区，具有远征作战的能力。现在，航母在战争中逐渐占据了主要地位，例如在马里亚纳海战中，航母就占了重要地位。

    《航空母舰》介绍了航空母舰的发展、舰载机起降等内容，深度鉴赏部分，通过历史和战例介绍了经典航母，并且介绍了新型航母设计、技术上的创新与变革。

    关于航母的知识非常非常多，比如，航母的分类都是很复杂的，按舰载机分类，可分为专用航空母舰和多用途航空母舰。专用航空母舰可分为攻击航空母舰、反潜航空母舰（或直升机母舰）、训练航空母舰以及护航航空母舰。攻击航空母舰主要载有战斗机和攻击机。航空母舰按吨位大小可分为超级航空母舰、大型航空母舰，中型航空母舰和小型航空母舰；按动力方式可分为核动力航空母舰和常规动力航空母舰……《航空母舰》这本书使我对航空母舰有了更全面的了解，让我从多方面了解了关于航空母舰的知识，使我看了还想看。

"辽宁号"航空母舰是中国第一艘服役的航空母舰，以后我们国家一定会拥有更多的航母，我要努力学习，将来为祖国的航母事业贡献力量。

北京市延庆区第四中学：于惠凝

《沙丁鱼巴新》

华夏出版社

内容简介

　　《沙丁鱼巴新》以小沙丁鱼巴新为主角，通过一系列生动的童话故事，趣味地介绍了有关海洋的自然常识，特别侧重描写了形形色色的海洋生物，让读者近距离观察到神秘的海洋世界。全书分为8辑，共72个故事，每篇故事1200字左右。这些故事通过深入浅出、想象奇特、寓教于乐的情节，把知识与文学串联在一起，适合青少年学生阅读。力求让青少年朋友读了《沙丁鱼巴新》，能够更加热爱海洋，更加热爱自然、热爱科学，为今后探索海洋、保护海洋打下基础。

北京市广渠门中学：史祥钦

辅导教师：王畅，郝娜

 推荐理由

　　海洋约占地球表面积的 71%，我们的生活离不开海洋。本书以小沙丁鱼巴新为主角，通过一系列生动的童话故事，趣味地介绍了有关海洋的自然常识，特别侧重描写了形形色色的海洋生物。这些故事深入浅出，想象奇特，寓教于乐。

　　这本书虽然是童话故事，但其中穿插的海洋生命科学知识充满着科学性和准确性。比如，书中"没有寄出的信"一章中写道："海星体形小巧，色彩艳丽，像散落在海底的星星。外表善良的它们借助无数分布在腕下的透明小足，轻而易举地将自己吸附在凹凸不平的珊瑚礁表面上。海星还能将自己的胃翻出来，覆盖在珊瑚礁上面，同时分泌出消化液渗透到珊瑚的细孔中，将娇柔的珊瑚虫作为一顿营养丰富的美味大餐。""护送小鳗鲡"中描写了鳗鲡从海中出生前往河流中生活。"魔鬼减肥法"一章讲了："海蛇是生活在海洋里的爬行动物，喜欢在大陆架和海岛周围的浅水中栖息，大部分有毒。它的鼻孔朝上，有瓣膜可以启闭，在海面吸入空气后，可关闭鼻孔潜入深达数十米的水下达几十分钟之久。""没有运动员的比赛"一章中写道："海兔的头部有两对触角，前边的一对较短，是专司触觉的器官；后边的一对较长，是专司嗅觉的器官。海兔爬行时，后边的一对触角向前面及两侧伸展；在休息时，则向上伸展，恰似兔子的两只耳朵。从任何角度看，海兔的体形都确实像一只兔子，它也因此而获得了这个光荣的称号。"这些内容充分体现

了本书在不失趣味性的同时，极具科学严谨性。

"不是妈妈的妈妈"一章中所描写的"把卵放在其他地方我不安心，带在自己身上最安全""只要孩子安全，自己吃点苦也值得""我的小宝贝在我的精心呵护下，变成真正的海马，从我的育儿袋中探出脑袋，左看右看，然后一个一个迈开步伐，游向深邃的大海，那才叫幸福呢！"使父母对儿女的爱得到升华，让人感悟——父母对儿女的付出是倾尽所有、无微不至的，父母对儿女的爱是无私的、无怨无悔的；儿女的健康成长就是父母最大的幸福和快乐……我们要感恩父母，是他们的负重前行，才使得我们岁月静好！

本书还在字里行间潜移默化地教育青少年树立正确的价值观，如爱护珊瑚、保护环境，拒绝独食、懂得分享等。整体来看这本书非常适合给我们这些青少年阅读，是本好书。

北京市广渠门中学：侯梦阳

辅导教师：陈巧云，王 畅

推荐理由

这个寒假我跟随着小沙丁鱼巴新，穿过五光十色的珊瑚礁，躲开鲨鱼的血盆大口，进入了碧波荡漾的海洋深处，聆听大海诉说它自己的故事……

本书以小沙丁鱼巴新为主角,通过一系列生动形象的童话故事,趣味地介绍了海洋自然常识,特别侧重描写了形形色色的海洋生物。全书有 8 个章节,共 72 个故事,故事把知识与文学串联在一起。这些故事深入浅出、想象奇特、寓教于乐,让我近距离地观察到了神秘、奇妙,又未知的海洋世界!看完之后,我收获了不少的海洋自然知识,可谓是受益匪浅、收获颇丰啊!

这本书中让我印象最深刻的就是,书中介绍了有关海洋的自然知识,其中有好多我都不知道。比如:海马是鱼,有鳃有鳍;植物不睡觉;螃蟹妈妈一次可产下几百万枚卵;沙丁鱼像候鸟一样,对温度相当敏感;螃蟹的胸部左右比前后宽,八只足伸展在身体两侧,它的前足关节只能向下弯曲。最最让我吃惊的是:章鱼有 3 个心脏……我从没听说过章鱼的身体内部这么奇特!话说回来,我还有些佩服作者呢!他能掌握、运用并向他人传授这么多的海洋自然知识,真是了不起!

《沙丁鱼巴新》这本书,选材独特、语言优美、写作手法新颖,传播正能量,插图也很精美……在读这本书的过程中,我顺便还学习到了语文写作的技巧,并且积累了好词好句好段。比如"沙丁鱼是一种细长的银色小鱼,它的身体两侧有两排蓝黑色的圆点,看上去既精干又神气,让人好喜欢!""小海豚胖得皮肤都要爆开了,走路一步一摇。"……

最后,读了这本书,能让读者更加热爱海洋、热爱自然、热爱科学,为今后探索海洋、保护海洋打下基础!如果你热爱海洋,或者对海洋充满未知,想去探索一番,那就让勇敢的沙丁鱼巴新带领你,穿过美丽的珊瑚礁,躲开凶猛的鲨鱼,一起去海底冒险吧!

贵州教育出版社

内容简介

　　这本带着海腥味的手稿，是一个名叫贾提克斯·里赛普斯的男孩在"鹦鹉螺"号海底探险的航行日志。海底环球探险发生在 1863 年，而带领"鹦鹉螺"号航行的正是耳熟能详、神秘莫测的尼摩船长。难道儒勒·凡尔纳的经典之作《海底两万里》与此有关？——原作中的埃瑞纳克斯（阿龙纳斯）教授，成了日志主人贾提克斯·里赛普斯的老师，他们一起跟随尼摩艇长的"鹦鹉螺"号在海底探秘。

　　手写体日志中，不仅有曲折离奇的经历，更有大量翔实的有关海洋地理、生物、航海历史的人文自然知识，绝对是一次收获颇丰的海洋科考手稿。此外，更让人惊喜的还有独特的立体插件设计，可玩可摸，比如海底火山灰、自制的贝雕骰子、传说中的海神波塞冬的三叉戟。翻开日志的瞬间，很难不被里面的玄机所吸引……

北京市延庆区第四中学：马思源

•⋯⋯⋯⋯⋯⋯• 辅导教师：张丽琴，王琦 •⋯⋯⋯⋯⋯⋯•

 推荐理由

海底，这个神秘的地方似乎从未摘下过面纱，她对科学家们有着强大的吸引力，对我也一样。

《海底100天："鹦鹉螺"号海底大冒险》这本书主要是以日志的形式，记录了16岁的主人公贾提克斯跟随父亲的好友阿龙纳斯教授经历的一段奇幻的海底探险之旅。其创作的灵感是来自科幻小说巨匠凡尔纳的《海底两万里》。

故事的代入感非常强：扉页上的信件、车票、船票、标本等完全为了故事而服务。让我印象最深的是他们打捞沉船的那段，书页上不但有小地图，还有纪念品——一个金币，一下子让我有了身临其境的感觉。

这本书不只是一本故事书，同时也是一粒科学启蒙的种子。

北京师范大学朝阳附属学校（小学部）：魏洺萱

辅导教师：梁 慧

推荐理由

　　"海底世界"对我而言是神秘莫测的，每次去海洋馆，我都会感叹于看到的奇特景观和各种稀奇古怪的海洋生物，当读完《海底100天："鹦鹉螺"号海底大冒险》后才发现，原来海洋是如此的神秘而又深不可测，关于它的传说和科学知识更是包罗万象、无奇不有。

　　这本书主要是以日志的形式，真实记录了16岁的主人公贾提克斯跟随父亲的好友阿龙纳斯教授经历的一段奇幻的海底探险之旅。据说，创作的灵感是来自大名鼎鼎的凡尔纳先生的《海底两万里》这本畅销书。

　　故事发生在1863年，贾提克斯收到了一封信、一张船票和一张火车票，这封立体展示的独立信件，有着很强的代入感，而书中的海洋标本、海床地图、路线图等这些立体插件设计，不由得让我伴随着贾提克斯的奇幻之旅勇往直前。书中不仅介绍了繁杂的海洋生物，还展示了各种海洋地貌，以及航海和潜水知识。关于海洋生物，在书中除了可以看到已被科学证实的生物外，还可以见识西方传说中让人遐想的许多深海生物，比如吸血鬼章鱼、狼牙鱼等。至于海洋地貌，贾提克斯经历了极地、大堡礁等极端海洋地形，看着其中的图画和讲解，让我觉得原来看似深奥的地理知识其实并不那么难以理解。接下来，正当我沉浸于这次奇妙的海洋之旅时，贾提克斯他们遭遇了海底火山爆发和怪兽袭击，最后终于死里逃生，到达了传说中神秘消失的"亚特兰蒂斯"。他们的经历让我意识到，凭着勇气和毅力终究可以战胜困难，此后便是柳暗花明、

118 给孩子的科普科幻阅读书目——海洋篇

豁然开朗。

这并不是一本普通的海洋知识科普书，最让我喜爱的是书中独特的立体插件设计、大师绘图等工艺和机关。这样的设计，极大地增加了阅读的代入感，让我有身临其境的感觉，而研究书中各种玄机，又能感受到超强的互动性、真实感，让我惊叹不已并好奇心大增。

中国科学院附属实验学校：刘茹惠

推荐理由

这本书记载的是贾提克斯·里塞普斯在1863年4月3日开始的一次不可思议的航行。他接受父亲的朋友阿龙纳斯教授的邀请，当他的助手，并写到会遇到尼摩艇长。

尼摩艇长的事情曾经在凡尔纳的《海底两万里》中提到，这本书是以贾提克斯·里塞普斯日志的形式呈现的，里面的各种人物以及职能都十分像《海底两万里》的几位人物。因此在阅读时，我总会不由自主地将书中主人公与《海底两万里》中生物教授的仆人联想起来。例如，作者在日志中提道："希望能在探险中发现大量海洋动植物，对它们进行观察、分类，然后制作成标本。"而《海底两万里》中教授的仆人，也同样是以分类为特长的。

这本书绝不是单一对海洋动植物的介绍，在故事的开头为我们介绍了海洋探险中最重要的设备及专业术语，这让我大开眼界。因为很多东西是我从来没有见过，甚至是没有听说过的，比如六分仪、航海经线仪、风向和洋流、海床测绘、航道等，我都一一记录下来，并且查阅了相关的知识。

虽然书中有很多专业术语，但书的内容一点也不枯燥，因为书中对生物的介绍都是穿插在有趣的故事情节之中的，就像书中写道："阿龙纳斯教授还给了我一个小本册，上面记载着要留心应付的巨大海洋生物。但是他警告我，在没有探测过的深海之内也许隐藏着更大的危险。我们的船下到底潜伏着什么呢？"这本书的中文版出版者还做了这个小册子，他将教授提到的海洋生物都记在这个小册子的里面。利用这种方式将教授知道的海洋生物进行了介绍。这也是这本书的特色之一。

这本书的配图更是让我赞叹不已，它让我对海洋生物有了更直观的了解。比如书中绘制的海洋生物链，让我对海洋生物有了更系统的认知。而那一幅幅生动的图画，配上真实的描写，让这场"探险"变得惊险而又刺激，那些海洋生物一个一个仿佛都浮现在我的眼前。

这本书不仅记载了丰富多彩的海洋生物，还有海上的冒险故事。其中吸引我目光的，也是最勾起我好奇心的、扑朔迷离的故事线是尼摩艇长的身世。这让我阅读的时候更认真、更有兴趣。

最后，值得一提的是这本书的中文版出版者为原来的日志加上了更多的注释，让阅读者能了解到更多的知识。总之，这是一本非常值得阅读的好书。

《十万个为什么：海洋》

少年儿童出版社

少年儿童出版社

内容简介

　　蓝色的海洋是地球上一片浩渺的水域，它对我们充满了神奇的诱惑。海洋是怎样诞生的？为什么海水是咸的，海冰却是淡的？为什么四千米的深海海底有波痕？退潮时海水跑到哪里去了？为什么压力没有把深海生物压扁？为什么深海也会下"雪"？为什么海底会有"雪线"？海底地形图是怎么编制的？为什么岛屿会排队？深海真的有水怪吗？《十万个为什么：海洋》（第6版）将带你进入海洋世界，领着你探索海洋深处的奥秘，陪伴你寻求海洋奇闻的谜底。对于你看见过不知道多少遍，却不知道原因的现象，它会告诉你答案；对于你从来没有到过，甚至没有听到过的地方，它给你的是难忘的故事和迷人的美丽。

北京师范大学朝阳附属学校（小学部）：段怡晨

• 辅导教师：张 兰 •

前几天，我读了《十万个为什么：海洋》这本书，这对我启发非常大。《十万个为什么：海洋》是一本关于海洋的科普书籍，它告诉了我许多关于海洋的奥秘。比如，平时我们在饭桌上吃着香喷喷的饭菜，却不知道盐是哪里来的。读了这本书后，我才知道，原来盐是经过蒸发海水而制成的。还有"飞鱼为什么要飞？""为什么海豚会救人？""海龟下蛋后为什么会流泪？"等种种问题，这本书都用各种吸引人的小故事进行了解释。

其中，最令我难忘的就是"海洋生物为什么发光"的介绍了。当我看到这个标题时，脑海里就立刻浮现了许多问题：它们真的会发光吗？它们发光又有什么用处呢？难道是为了把自己打扮得更漂亮吗？

原来，海洋生物发光是为了防御。甲藻的天敌就是桡足类动物，就是平常说的鱼虫和水蚤，突然发光可以吓退它们，或者用光线把更大的生物引来，把桡足类动物吃掉。发光的另一种功能是误导敌人。比如，有的鱿鱼腹部发光就是一种伪装，目的是和周围的海水光线相似，避免被敌人发现；有的鱿鱼在腕足的末端发光，在紧急情况下可以放弃发光的腕足以误导敌人，用"壮士断腕"的办法求生。读到这里，我不禁感叹道：连这么弱小的生命都有这么强的求生意识，我们又何尝不能坚持到底，努力学习呢？

思考过后，我又看起书来，书上还说：海洋生物发光不光是为了保护自己，有的还把发光当作诱饵，吸引猎物上钩，这是许多肉食鱼类常用的"技术"。此外，在一片漆黑的深海里，发光还是重要的种内通信工具，一些海洋生物，如章鱼和介形鱼都有这种功能，在交配季节依靠发光的办法"约会"。至此，我终于全面地了解了上面的问题。

　　读了这本书，我对海洋有了更多的了解，拓展了海洋科学的知识面，但也为海洋严重污染的现状而担忧。我想，只要我们不把垃圾扔进海洋，人人都保护海洋，海洋就不会有那么多的污染了。

　　让我们一起向往大海的美好吧！争做海洋环保小卫士！

《世界上最神奇的100种海洋生物》

海洋出版社

内容简介

　　海洋是孕育生命的重要场所，无论是生活在海洋表面的浮游生物，还是深藏在水下几千米的微小细胞，它们和我们有着共同的家园。海洋中的生命可谓光怪陆离。有体型巨大但性情温顺的蓝鲸，有身材微小但凶猛残暴的博比克虫，有低等的单细胞生物，也有聪明的海豚。从过去到现在，海洋中不知有多少不为人知的生物；从现在到未来，海洋能为人类带来无数难以置信的可能。不管我们在海洋中邂逅了多少种神奇的海洋生物，都是探索未知而收获的馈赠。本书以最奇妙的100种海洋生物为主，通过真实的图片，带大家了解海洋生物鲜活的形象。

北京市广渠门中学：丁子健

辅导教师：郝娜，王畅

推荐理由

海纳百川罗万象，千层浪流度沉浮。千古风流终归尘，何时英雄翘首还……

自古以来，有多少人想要长生不老，多少神话故事和小说中，皆有那颗吃了就可以长生不老的仙丹。你知道吗？长生不老是可以做到的。这本书中简述了可以"长生不老"的海洋腔肠动物——灯塔水母。灯塔水母可以从水螅体无性繁殖，是目前唯一已知的能够从性成熟阶段回复到幼虫阶段的生物。理论上来说这个循环可以不断地重复下去，只要不被吃掉或病死。即在理论上灯塔水母可以永远存活，无需面对死亡。某科学家曾观察4000余只灯塔水母，这些水母都可以从性成熟阶段回复到幼虫阶段。

设想一下，如果我们人类真的可以长生不老，那么我们未来的道路将会如何？在医疗和科技极度发达的未来，疾病的治愈率会极高，我们不会再面对疾病的困扰，我们可以拥有更多的时间陪伴家人、朋友，有更多的时间实现自己的理想。但倘若有一天，我们没有一个目标，或者说找不到生命中的趣味，那么我们活着，也就变成了虚度光阴，醉生梦死的煎熬，化为一具没有灵魂的躯壳，所有的一切将丧失它的价值。

人类经历了从茹毛饮血，过着担惊受怕的生活，不断地躲避天敌；到王朝更替，战乱频发；再到如今的和平年代，没有天敌、没有频繁的战争。我们不由为前人生不逢时叹息，同样也为自己能有幸福的生活而高兴。生而为人，也应当知足常乐，且行且珍惜。

因为生命有限，因为终将归尘，所以我们才要珍惜，珍惜身边的所有。珍惜我们与亲人朋友之间的情分，珍惜在一起欢笑玩闹的时间。

因为终将归尘，所以我们应当做好自己，努力追求自己的梦想。雄性的河鲀为了吸引异性的注意，用自己胖胖的身躯，小小的鱼鳍，创作出相当于体型几十倍的精巧图案。它的事例，更激励着我们前行努力，实现自己的梦想。

因为生命有限，所以我们应当珍惜每一刻。或许你仅仅是一个默默无闻的工作者，没有那么多人知道你的名字，但是也要努力做好工作，实现自己的价值。就像深海中的珊瑚虫那般，它是那样微不足道，它没有鲨鱼那般魁梧的身躯，没有小丑鱼可爱的外表，没有蝠鲼灵动的躯体，但是珊瑚虫仍在用自己的努力，毕生的心血，来改变着周围的环境，那大堡礁成片的绚丽珊瑚礁，姹紫嫣红，都是珊瑚虫的杰作。那些钻研海洋生物的科学家们也一样，夜以继日地工作、研究，每一份引世人惊叹的报告后面，都是一个团队多少个日夜的努力，他们的目的，只为了揭开海洋神秘的面纱，更多地去了解海洋生物，了解海洋。我们也应当像这些科学家前辈们一样，树立起自己的目标，用科学的方法去观察、去发现、去探索、去研究新的领域，发扬实干精神、科研精神，用自己的行动，坚持不懈、脚踏实地地建设我们美好的祖国，用短暂的生命，实现自己的人生价值！

《无情的海洋》

北京出版集团公司
北京少年儿童出版社

内容简介

　　本书通篇用了适合小朋友阅读的、生动形象的语言和叙事方式，从一次下潜之旅开始，介绍了海洋的由来以及全球各种各样有趣的海，告诉了我们海底各种地形构造和洋流、潮水、百慕大、海龙卷的形成原理，并结合了很多美丽的传说故事，将各种各样神奇的海洋生物如鱼类、甲壳动物、软体动物向我们娓娓道来。深海蕴藏了很多宝藏，因此也伴随着海盗群体和船只的诞生以及海上各种探险和航海故事，再加上海上日记和各种奇怪的鱼类的重点介绍，真是引人入胜，令人意犹未尽。最后"海洋病了"一节，通过珊瑚礁的形成和破坏向我们介绍了海洋环保的重要性。

北京师范大学朝阳附属学校：时子涵

•⋯⋯⋯⋯⋯⋯⋯⋯⋯⋯⋯• 辅导教师：顾方媛 •⋯⋯⋯⋯⋯⋯⋯⋯⋯⋯⋯•

推荐理由

寒假里，我利用回姥姥姥爷家过年的时间，认真阅读了《无情的海洋》，通过这本书，我对神秘的海洋有了更多的了解，充满了向往。

通过这本书，我了解到了海洋的一些相关知识和科学家们为了探索海洋而做出的努力。海洋有许多神秘的现象，如海龙卷、海啸、潮汐、神秘的百慕大三角⋯⋯还有各种神奇的海洋动物，有讨厌的软体动物，能产珍珠的贝壳，一些名字听起来很好吃的生物，如海黄瓜、海柠檬、菠萝鱼、海土豆等，而其实有些并不能吃。我还了解了海盗的起源和他们奇葩的海上规则，各种海上探险和海上的可怕事故，例如泰坦尼克号的悲剧，让人铭记不忘⋯⋯

"这真是无情的海洋！"可能有人会这样想，我也不例外。可是，当我了解到海洋面临的问题时，我改变了想法。

人类对海洋的各种破坏：过度捕捞鱼类资源、随意排放污水、石油开发和运输过程中的石油泄漏、对海洋资源的过度开发等，都导致了海洋环境的破坏和很多海洋物种的灭绝。读到这里，我心情十分复杂，不知应该是不满还是应该自责。

"可怕的科学"这套丛书，最吸引我们小读者的地方在于，把深奥的科学探索用悬念、喜剧冒险和传说故事等形式，向我们娓娓道来，以我们最喜欢的幽默搞笑的方式，替代了课堂上的书本说教，不知不觉间把我们引入了一个神奇的世界，拉近了我们和科学之间的距离，激发了我们的好奇心和求知欲望。

最后，我想送给大家一句书里的话："去和那并不是很无情的海洋交个朋友吧！了解海洋，热爱海洋，保护海洋！"

北京市延庆区第四中学：于惠凝

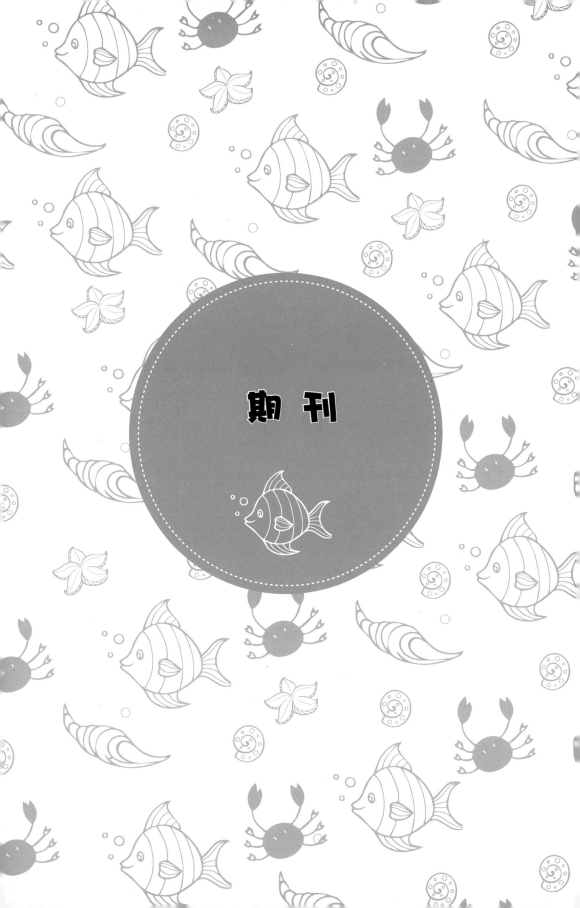

期刊

《百科探秘》（海底世界）

天津出版传媒集团
新蕾出版社

内容简介

　　《百科探秘》（海底世界）是国内一本专门介绍海洋科普知识的少儿期刊，适合小学1～6年级学生阅读。它将带领小读者一起探秘海底，寻找色彩斑斓的海洋生物，体验寻宝探险所带来的刺激与惊喜！一起环游世界，了解沿海地区的风土人情，感受海洋文化所展现的无穷魅力！一起关爱海洋，聆听蓝色星球的美丽故事，保护我们共同的家园！

　　《百科探秘》（海底世界）分知识、文化、休闲、互动四大板块，以图文并茂的形式介绍多姿多彩的海洋生物、地质、军事知识及沿海国家的海洋风光、名胜；讲述与海有关的各种神话、探险和寻宝故事；还有小读者自己创作的故事、游记、心得和发生在五位以海洋动物命名的小编身上的奇闻趣事……

北京市第十二中学钱学森学校：陈俊良

·················●· 辅导教师：张沐一，王 俊 ·●·················

推荐理由

　　我小的时候曾经做过一次手术，导致我十八岁之前不能游泳。可就是这样，我对海洋的兴趣才愈发浓厚起来，这本杂志是我最早接触的有关海洋的媒介之一，它绚丽的封面一下就抓住了我的眼球。而里面的内容更是丰富多样：化学物质可燃冰、海底杀手虎鲸、明朝的快船，以及各种历史故事。这本杂志的内容编排很新颖，开头先用一种新物质引起我的兴趣，然后讲解关于这种物质的科学知识，在我意犹未尽之时，一只虎鲸又缓缓地游进我的脑海中，虎鲸刚刚缓缓游过，一艘明朝的商船又在迷雾中向我驶来……

　　这本杂志的内容包含海洋、地理、历史等方面，既反映出我们国家在海洋领域的技术发展，同时也反映出环境保护等多重主题，使我从小便对海洋科学有了更真实、更具体、更形象的理解。

　　比如介绍虎鲸的一段知识，先由一段两只水母的对话引入，然后介绍虎鲸的特点，如大脑较其他动物更发达，比大猩猩还要聪明；介绍了虎鲸的主要猎物；接着将虎鲸家族分类，帮助我们了解虎鲸家族的结构；在文章的结尾有知识卡片进行总结，另外，还有卡通人物贴心地在一旁解惑答疑。

　　这本杂志简单易懂而又蕴含着丰富的科学知识，让我的梦想从此萌芽。它打开了我对海洋的好奇心，我虽然暂时不能下海，但依然可以畅游在书籍的海洋中，快乐地学习！

北京市第五中学通州校区：王思蕊

• 辅导教师：钟雪鹏 •

　　《百科探秘》（海底世界）2018 年 11 期延续以往的风格，介绍了地理、生物等方面的科普现象发生的原因，配以幽默风趣的故事、色彩丰富的插画，深刻体现了海底世界的奇妙。对我国台湾屏东地区和极地等地的风情进行介绍，对鲫鱼、白鲸等生物的生活习性进行讲解，将海底世界独特、多样的面貌展现在读者面前。

　　这一期的《百科探秘》（海底世界）遵循以往以海底世界为线索的方式，以地理、生物甚至是军事方面的知识，为读者展开了一幅绚烂美丽的海底画卷。通过杂志中对我国台湾屏东地区的描述，我了解到这片水岸宝地的美丽，并心生向往；通过杂志中对捕鲸业的介绍，我见到了人类对巨兽的残忍，认识到保护海洋生物的重要性；通过杂志中对鲫鱼和白鲸的讲述，我了解到这两个生物的独特之处，想要进一步了解大海中各种有趣的生物；通过对印度"加尔各答"级驱逐舰的剖析和说明，我了解到这艘驱逐舰的强大之处……

　　妙趣横生的漫画、色彩丰富的插画和详细形象的说明图，让我有兴趣了解更多关于海底世界的知识；多方面的叙述和全面系统的知识体系，让我对海洋有了比较全面的认识。阅读这本杂志的时候，我仿佛置身于海底世界，去享受、去畅游……